Bienaventurados los **elegidos**

The CHOSEN

Un estudio bíblico interactivo

Temporada 2

Bienaventurados los **elegidos**

Amanda Jenkins, Dallas Jenkins, y Douglas S. Huffman

DAVID C COOK

transforming lives together

BIENAVENTURADOS LOS ELEGIDOS
Publicado por David C Cook
4050 Lee Vance Drive
Colorado Springs, CO 80918 EE.UU.

Integrity Music Limited, una división de David C Cook
Brighton, East Sussex BN1 2RE, Inglaterra

ISBN 978-0-8307-8651-0

Originalmente publicado en inglés como *Blessed Are the Chosen* por David C Cook,
© 2022 Come and See Foundation, Inc., ISBN 978-0-8307-8270-3

El equipo: Michael Covington, Stephanie Bennett, Jack Campbell, Susan Murdock
Diseño de la portada: James Hershberger
Gráficos interiores: Getty Images (caballo/carro y Diez Mandamientos)

Equipo de traducción y revisión: Carla Serratos, Tomas Chapman, Zulma Fontánez e Ismael Infante

Impreso en los Estados Unidos de América
Primera edición en español 2024

1 2 3 4 5 6 7 8 9 10

121923

ÍNDICE

Introducción

EL SERMÓN DEL MONTE

"Viendo la multitud, [Jesús] subió al monte; y sentándose, vinieron
a él sus discípulos. Y abriendo su boca les enseñaba, diciendo:

Bienaventurados los pobres en espíritu, porque de ellos es el reino de los cielos.
Bienaventurados los que lloran, porque ellos recibirán consolación.
Bienaventurados los mansos, porque ellos recibirán la tierra por heredad.
Bienaventurados los que tienen hambre y sed de justicia,
porque ellos serán saciados.
Bienaventurados los misericordiosos, porque ellos alcanzarán misericordia.
Bienaventurados los de limpio corazón, porque ellos verán a Dios.
Bienaventurados los pacificadores, porque ellos serán llamados hijos de Dios.
Bienaventurados los que padecen persecución por causa de la justicia,
porque de ellos es el reino de los cielos.

Bienaventurados sois cuando por mi causa os vituperen y os
persigan, y digan toda clase de mal contra vosotros, mintiendo.
Gozaos y alegraos, porque vuestro galardón es grande en los cielos;
porque así persiguieron a los profetas que fueron antes de vosotros".

Mateo 5:1–12

Bienaventurado o bendecido son palabras familiares y desconocidas. Los cristianos solemos usarlas en lugar de *suertudo*, para que nadie crea que *nosotros creemos* que las cosas buenas suceden por casualidad. También decimos "que esta comida sea de bendición para nuestros cuerpos" al comer, nos despedimos con un "Dios te bendiga", bendecimos las cosas que nos gustan y no las cosas que no nos agradan; así la palabra pierde su impacto.

¿Bendito o bienaventurado?

Pero en Mateo 5, Jesús dijo bienaventurado **nueve veces**, lo que plantea la pregunta: ¿Qué **significa**? Y, además, ¿se debe decir bienaventurado, bendito o dichoso?

Claro, el problema no consiste en cuál es el término correcto en español moderno, sino qué significado tenía esta palabra en el Siglo I. Aunque muchas traducciones al español de Mateo 5 dicen *bienaventurados*, algunas dicen *dichosos*. Y efectivamente, la dicha aparece en algunos contextos del Nuevo Testamento (por ejemplo *serás dichoso si haces esto*, como en Mt. 24:46 [NVI] y Lc. 11:28 [NVI]), pero no en todos los casos. En el Sermón del Monte, las "bienaventuranzas" no son consejos al estilo de "haz esto para ser feliz"; no expresan una expectativa condicional. Más bien, son declaraciones de cómo ya son las cosas para los que siguen a Jesús. Quizás cada oración podría comenzar igual de bien diciendo "felicitaciones".

La palabra griega del primer siglo para *bienaventurado* era *makários* (μακάριος), y se usó 50 veces en el Nuevo Testamento.

Expectativa condicional: actividad que se debe hacer para obtener algo a cambio.

> Felicitaciones a los que son pobres en espíritu, porque de ellos es el reino de los cielos.
> Felicitaciones a los que lloran, porque ellos recibirán consolación.
> Felicitaciones a los mansos, porque ellos recibirán la tierra por heredad.
> Felicitaciones y así en adelante, porque el favor de Dios está sobre ti.

Así nos acercamos al meollo del asunto porque, como veremos en las siguientes páginas, el favor de Dios es mejor que la felicidad, al contrario del pensamiento actual de "busca la felicidad a toda costa". La felicidad, por definición, es condicional, lo que significa que también es temporal y, a menudo, fugaz. Por el contrario, las bendiciones de las que habló Jesús, las bienaventuranzas, apuntan hacia un florecimiento humano más completo y significativo; no en el sentido material de los que "lo tienen todo", sino en el sentido de lo que verdaderamente anhelan nuestras almas: el de afirmar la fe, seguir la paz y asegurar el futuro.

Bienaventuranzas: las bendiciones enumeradas por Jesús en el Sermón del Monte.

Así que ¿quién experimenta el favor de Dios? Bueno, solo los que siguen a Jesús.

En nuestro estudio bíblico de la temporada 1, llamado *¿Qué significa ser elegido?*, nos enfocamos en Isaías 43, la anticipación del Antiguo Testamento del Mesías que vendría, y lo que la llegada de Jesús significó y aún significa para Sus seguidores. En específico, exploramos lo que significa ser llamado y rescatado por Jesús, descansar en Su presencia, ser amado y protegido, cambiar de rumbo a donde Él conduzca, testificar de Su realeza, ser limpiado del pecado y renovado, y ser establecido y llevado por el camino.

¿Ya completaste el primer estudio?

Precisamente, este nuevo estudio bíblico retoma el tema de ser guiados por Jesús.

La temporada 2 de *The Chosen* describe la forma de ser, de vivir y de enseñar de Jesús, así como lo vemos en el Sermón del Monte. En cada palabra que Jesús habló ese

Para nerds bíblicos (como nosotros) que quieren saber

Dos de los cuatro Evangelios del Nuevo Testamento hablan del Sermón del Monte: el Evangelio de Mateo y el Evangelio de Lucas. Mateo tiene el recuento más largo (tres capítulos y 111 versículos en total en Mateo 5–7), y Lucas tiene el resumen más corto (33 versículos en Lucas 6:17–49). Aunque de vez en cuando nos refiramos al relato de Lucas (cuatro "bienaventuranzas" declaradas en Lucas 6:20–23 y cuatro "ayes" declarados en Lucas 6:24–26), en este estudio nos enfocaremos principalmente en la lista extendida de Mateo de las nueve "bienaventuranzas".

Por cierto, ¿a alguien le sorprende que el relato de Mateo del Sermón sea el más largo?

A nosotros tampoco.

día, podemos ver el carácter, el poder y las promesas de Aquel que nos guía. Una vez que le pertenecemos, no solo recibimos una nueva identidad; también nos introduce en una nueva realidad, una que es segura, inminente y permanente. Y así:

> Tenemos esperanza sin importar las circunstancias.
> Tenemos seguridad, riquezas y recursos sin importar las circunstancias.
> Somos bienaventurados sin importar nuestras circunstancias porque el favor de Dios está sobre nosotros.

Dicho esto, esta nueva realidad no es automáticamente visible ni comprendida por ojos espiritualmente inexpertos, y entender el favor de Dios —comprenderlo, aceptarlo a pesar de quienes sabemos que somos como pecadores, priorizarlo sobre otras cosas y permitir que cambie por completo cómo vemos y experimentamos el mundo— trae consigo algunas complicaciones intrínsecas.

Complicación 1: Lo que nos importa

> "Pues si vosotros, siendo malos, sabéis dar buenas dádivas a vuestros hijos, ¿cuánto más vuestro Padre que está en los cielos dará buenas cosas a los que le pidan?".
> Mateo 7:11

La clave para experimentar todos los sentimientos "bienaventurados" es valorar el favor de Dios más de lo que valoramos las cosas terrenales. Eso no significa que las cosas terrenales no importen o que no sean regalos Suyos. Claro que Dios da buenos regalos a Sus hijos, incluyendo cosas terrenales, y debemos estar agradecidos por ello. Deberíamos administrar bien nuestras relaciones, salud y finanzas. Pero no nos deberíamos aferrar a ellas, reconociendo que Dios, Su presencia y nuestro futuro hogar con Él en el cielo son las **únicas** cosas que nuestros corazones necesitan fundamentalmente.

Aunque es difícil no aferrarnos a lo terrenal.

Complicación 2: Obras vs. gracia

Incluso después de ser salvados por gracia, muchos recaemos en nuestra mentalidad basada en obras, lo que significa que tendemos a ver las bienaventuranzas como cosas que debemos hacer para asegurar la bendición de Dios. *No me gané el perdón de Dios ni la vida eterna que conlleva gratuitamente, pero con mi buen comportamiento y mi propia fortaleza espiritual me ganaré más de Su favor en el camino.*

"Porque por gracia sois salvos por medio de la fe; y esto no de vosotros, pues es don de Dios; no por obras, para que nadie se gloríe". Efesios 2:8–9

¡Qué ridículo!

En realidad, al creer que Jesús es quien dijo que era y rendir nuestras vidas ante Él, **las bienaventuranzas se vuelven nuestras porque son Suyas.** Por Su gracia, nos ofrece Su vida con todo lo que eso incluye. Esas bendiciones ya son nuestras.

Pero comprender una dicha tan extraordinaria y tan libremente dada es muy difícil.

Complicación 3: Ser bienaventurado es difícil

Las bienaventuranzas de hecho se presentan con un reto, pero no es el de trabajar más para ganarnos más de las bendiciones de Dios. Tampoco hay que oír el sermón de Jesús y reaccionar quemando nuestras casas para hacernos pobres, o provocar a los no cristianos para que nos persigan.

Obvio.

Más bien, el reto es reconocer el favor de Dios en nuestras vidas *a pesar de las circunstancias difíciles*, porque tener Su favor no significa que nuestra vida será fácil. Claramente Dios no soluciona todos nuestros problemas, o Jesús no habría dicho: "Bienaventurados los que lloran". De hecho, todavía hay enfermedad y muerte, angustia y lucha, persecución y pobreza. Dios no siempre cambia nuestras circunstancias terrenales; por eso Jesús se tomó el tiempo de ilustrar el panorama general: Dios está con nosotros en toda circunstancia, *eso cambia todo.* Él

"Estas cosas os he hablado para que en mí tengáis paz. En el mundo tendréis aflicción; pero confiad, yo he vencido al mundo". Juan 16:33

nos acompaña en nuestro sufrimiento. Nos consuela en el dolor. Nos recuerda nuestro futuro con Él en el cielo, donde promete que no habrá más llanto.

Pero ver más allá de nuestras penosas circunstancias es muy, **muy** difícil.

El intermedio

Juan 11:1–44

La historia de María, Marta y su hermano Lázaro es de extraordinaria importancia, y no solo porque Jesús resucitó a un hombre muerto. Lázaro había estado muy enfermo, y sus hermanas avisaron a Jesús, quien decidió *no* llegar a tiempo para sanar a Su amigo. Para cuando Jesús llegó, Lázaro llevaba muerto cuatro días. La comunidad, junto con María y Marta, estaba devastada y de luto, mas Jesús les dijo que reabrieran la tumba y le ordenó a Lázaro que saliera.

Y así sucedió.

> "Y Jesús, alzando los ojos a lo alto, dijo: Padre, gracias te doy por haberme oído. Yo sabía que siempre me oyes; pero lo dije por causa de la multitud que está alrededor, para que crean que tú me has enviado. Y habiendo dicho esto, clamó a gran voz: ¡Lázaro, ven fuera! Y el que había muerto salió, atadas las manos y los pies con vendas, y el rostro envuelto en un sudario. Jesús les dijo: Desatadle, y dejadle ir".
>
> Juan 11:41–44

Jesús le dijo: "Yo soy el camino, y la verdad, y la vida; nadie viene al Padre, sino por mí". Juan 14:6

La conclusión obvia es que Jesús tiene poder sobre la vida y la muerte. Él *es* la vida y da vida, físicamente, como con Lázaro, pero también espiritualmente. Cuando nos rendimos ante Jesús, "nacemos de nuevo"; nuestros pecados son olvidados y perdonados; somos renovados. Pero hay otro aspecto interesante de esta famosa historia: antes de que Jesús resucitara a Lázaro, lloró.

"María, cuando llegó a donde estaba Jesús, al verle, se postró a sus pies, diciéndole: Señor, si hubieses estado aquí, no habría muerto mi hermano. Jesús entonces, al verla llorando, y a los judíos que la acompañaban, también llorando, se estremeció en espíritu y se conmovió, y dijo: ¿Dónde le pusisteis? Le dijeron: Señor, ven y ve. Jesús lloró".

Juan 11:32–35

Jesús no lloró por Lázaro. Sabía que Su amigo estaba a punto de salir de la tumba y que muchos glorificarían a Dios por ello. Las circunstancias eran, de hecho, parte de un plan maestro divino para demostrar a los presentes que Jesús sí era el Mesías que esperaban.

Mesías: el libertador prometido de la nación judía (o "Salvador") profetizado en la Biblia hebrea o Antiguo Testamento.

Esto quiere decir que Jesús lloró porque la gente que amaba lloraba.

A diferencia de Jesús, María y Marta no sabían que su hermano resucitaría. Estaban en el *"intermedio"*, la parte de la historia donde 1) sabían y amaban a Jesús, pero 2) sus circunstancias aún eran abrumadoras. No solo habían perdido a un ser querido; habían perdido a su proveedor y protector. Las mujeres en la antigüedad dependían totalmente de los hombres en sus vidas (sus padres o esposos, o en su defecto sus hermanos) hasta para tener un hogar. En ese sentido, estas mujeres no solo estaban devastadas por su pérdida; también tenían miedo.

Y por si fuera poco, su Mesías, *que también era su amigo*, no vino a su rescate. Al menos, no de la manera que le habían pedido. Quizás por eso María no salió a recibirlo en el momento en que Jesús llegó; se quedó dentro. Cuando sí le habló, lo culpó. "Señor, si hubieses estado aquí, no habría muerto mi hermano" (v. 32).

Jesús no se enojó con María por estar abrumada por el dolor, el miedo y el enojo. Sabía que ella estaba en el "intermedio", atrapada en las circunstancias difíciles, en un futuro incierto. De hecho, fue su dolor lo que le afligió, porque Él estaba con ella en el "intermedio": ese espacio entre llamar a Jesús "Señor" por primera vez y ser liberados del mundo brutal y quebrantado en el que vivimos; ese espacio donde, aunque hayamos puesto nuestra fe en Jesús, la angustia, la preocupación y la confusión permanecen; ese espacio donde el camino a seguir a veces es incierto y las circunstancias pueden hacer que perdamos de vista la verdad, que es precisamente la razón para que Jesús se tomara el tiempo de enseñarnos lo que es verdad, sin importar cómo parezcan las cosas.

> Bienaventurados los pobres en espíritu.
> Bienaventurados los que lloran.
> Bienaventurados los mansos.
> Bienaventurados los que tienen hambre y sed de justicia.
> Bienaventurados los misericordiosos.
> Bienaventurados los de limpio corazón.
> Bienaventurados los pacificadores.
> Bienaventurados los que son perseguidos por causa de la justicia.

En el Sermón del Monte, Jesús describe nuestra nueva realidad, nuestra realidad verdadera, más allá de las circunstancias. Describe cosas que no siempre podemos ver, pero que aun así son ciertas: un reino invisible al ojo no salvo o espiritualmente inexperto, pero que, al lograr verlo, da una esperanza que supera las cosas difíciles. En Su sermón, Jesús describe la verdad de lo que importa: quienes somos al pertenecerle, lo que tenemos al pertenecerle, lo que hacemos por pertenecerle y lo que significa ser dichoso en el "intermedio" y hasta la eternidad.

Lo que significa que es correcto ser felicitado.

El favor de Dios está sobre ti.

Juan, hijo de Zebedeo (llamado el discípulo amado)

El apóstol Juan, hijo de Zebedeo, conocido como el discípulo "al cual Jesús amaba" (Jn. 13:23; 19:26; 20:2; 21:7, 20), escribió cinco libros del Nuevo Testamento (el Evangelio de Juan, las cartas 1, 2 y 3 de Juan y Apocalipsis), totalizando alrededor del 21% del Nuevo Testamento. Juan fue el único apóstol nombrado presente en la crucifixión, cuando Jesús le encomendó el cuidado de Su madre, María (Jn. 19:25–27). La tradición eclesial informa que Juan fue un líder de la iglesia en Éfeso a mediados del primer siglo. Después de su exilio en la cercana isla de Patmos, donde tuvo las visiones descritas en el libro de Apocalipsis, Juan regresó a Éfeso. Probablemente fue el más joven de los apóstoles de Jesús, y se cree que fue el único que murió de vejez y no como mártir (alrededor del 98–106 d. C.).

Santiago (Jacobo), hijo de Zebedeo (llamado Santiago el Mayor)

Jesús llamó a Santiago y a su hermano Juan los "Hijos del trueno" (Mc. 3:17), quizás por su dura respuesta ante la oposición (Mc. 9:38; Lc. 9:54). O quizás su padre, Zebedeo, era el "trueno". O quizás ambas cosas, ya que las manzanas nunca caen lejos del árbol. En todo caso, Santiago estaba en el círculo íntimo de los amigos de Jesús, conformado por Pedro, Santiago y Juan. Según Hechos 12:1–3, fue el primero de los apóstoles en morir como mártir por el Evangelio, al ser muerto a espada por órdenes de Herodes Agripa I (41 d. C.) antes de que la persecución dispersara a los discípulos de Jerusalén (Hch. 8:1; 11:19).

Lección 1

LOS POBRES EN ESPÍRITU
y los hijos del trueno

"Bienaventurados los pobres en espíritu, porque de ellos es el reino de los cielos".

Mateo 5:3

COMERCIANTE SAMARITANO: Los niños judíos están lejos de casa.

JESÚS: Sí, de hecho, lo estamos. Shalom para todos.

COMERCIANTE SAMARITANO: Aquí tienen nuestro saludo tradicional a los judíos.

(Los comerciantes lanzan piedras a Jesús, pero no atinan. Juan y Santiago el Mayor están atónitos, pero pronto procesan lo que vieron. Antes de que los hermanos puedan lanzarse, Jesús estrecha sus brazos a los lados para detenerlos como una puerta).

JESÚS: No levanten un dedo.

COMERCIANTE SAMARITANO: ¡Eso fue una advertencia!

SANTIAGO EL MAYOR: ¡Hazlo otra vez y verás lo que pasa!

JESÚS: Tranquilo, Santiago.

COMERCIANTE SAMARITANO: Shalom para ustedes.

(Miembros de la caravana escupen a Juan al pasar).

JUAN: ¡Perro asqueroso!

JESÚS: ¡Quédense tranquilos!

(Los hermanos prácticamente tiemblan de rabia. Cuando la caravana pasa, Juan les da la espalda para ver a Jesús de frente).

JUAN *(casi bufando)*: Déjanos hacer algo.

JESÚS: ¿Y qué lograrían con eso?

JUAN: Defender Tu honor.

SANTIAGO EL MAYOR: Te insultaron y te humillaron.

JUAN: Se merecen que caigan rayos del cielo y que los incineren.

SANTIAGO EL MAYOR: ¡Sí! ¡Fuego de los cielos!

JESÚS: ¿Fuego?

JUAN: Dijiste que podíamos hacer cosas como esas. Danos la orden y pasará.

(Jesús los mira fijamente).

SANTIAGO EL MAYOR: ¿Por qué no? Sabíamos que no podíamos confiar en ellos. No debimos venir aquí en primer lugar. Ellos no te merecen.

(Los ojos de Juan escudriñan los de su Maestro).

JESÚS: ¿Por qué trabajaron en el campo de Melec? ¿Qué intentaba enseñarles?

SANTIAGO EL MAYOR: ¿A ayudar?

JESÚS: ¿Creen que solo fue para ser más útiles, o ser mejores granjeros? Era para mostrarles que lo que hacemos aquí durará por generaciones. Lo que le dije a Photina en el pozo, y lo que ella le contó a tantos otros, está sembrando semillas que tendrán un impacto durante generaciones. ¿Acaso no ven lo que está pasando aquí? Estas personas que ustedes odian tanto están creyendo en mí sin siquiera ver milagros… es el mensaje, la verdad que les estamos dando. ¿Y ustedes quieren entrometerse con eso porque unas personas de una región que no les gusta fueron groseras? ¿Y no son dignas? ¿Ustedes son mejores? ¿Son más dignos?

JESÚS (CONT.): Les diré una cosa: no lo son. Ese es el punto. Para eso vine aquí.

Intercambiando

Justo antes de su relato del SdM, Mateo comentó sobre el arresto de Juan el Bautista, y dijo: "Desde entonces comenzó Jesús a predicar, y a decir: Arrepentíos, porque **el reino de los cielos se ha acercado**" (Mt. 4:17). Esto significaba que los seguidores de Jesús estaban pasando, aunque lenta e imperfectamente de este lado de la eternidad, a la forma de vivir de Su Reino. Estaban intercambiando su viejo modo de ver, pensar y comportarse por un nuevo modo, similar al intercambio que Jesús describió en Mateo 11:28–29, cuando dijo: "Venid a mí todos los que estáis trabajados y cargados, y yo os haré descansar. Llevad mi yugo sobre vosotros, y aprended de mí, que soy manso y humilde de corazón; y hallaréis descanso para vuestras almas".

SdM = Sermón del Monte, porque ya nos cansamos de escribirlo completo.

El mundo suele ponernos cargas, a veces mayores de lo que podemos soportar. Jesús reconoció nuestra aflicción y lucha, y nos invita a entregárselas a Él: intercambiar nuestras cargas por Su descanso, nuestra necesidad y debilidad por Su tierno cuidado y fuerza ilimitada, nuestro caos y confusión por Su paz, nuestro quebranto por Su plenitud.

Nos invita a intercambiarlo por algo mejor.

Lo mismo ocurre en el SdM. Jesús se tomó el tiempo para describir las dichas que recibimos al entregarle nuestras vidas, y no solo es el cielo. Es la vida plena aquí y ahora, porque le pertenecemos y **Él está con nosotros**, nos lleva y consuela, nos equipa y satisface, ¡y provee y promete un reino en el cual somos herederos de la creación misma! La vida que nuestro Creador y Rey ofrece y da sin reservas a los que le siguen es mucho mejor que lo que el mundo ofrece o podría dar, si tan solo viéramos y acogiéramos nuestra nueva realidad como hijos e hijas del Altísimo.

"[Jesús estableció a doce:] a Simón, a quien puso por sobrenombre Pedro; a Jacobo hijo de Zebedeo, y a Juan hermano de Jacobo, a quienes apellidó Boanerges, esto es, Hijos del trueno". Marcos 3:16–17

Pero la mayoría de las veces pensamos y actuamos como los Hijos del trueno.

Tu turno

1. ¿Qué cargas estás tratando de llevar por tu propia fuerza o sabiduría?

Tienes que estar bromeando

Samaritano: persona de Samaria.

Los judíos en la época de Jesús veían a los samaritanos como los descendientes inmundos de israelitas que se habían casado con extranjeros paganos (Lc. 9:51–56; 10:25–37; 17:11–19). Así, los samaritanos crearon su propio centro de adoración en el monte Gerizim, su propia versión de las Escrituras del Antiguo Testamento y sus propias creencias.

"Y [Jesús] envió mensajeros delante de él, los cuales fueron y entraron en una aldea de los samaritanos para hacerle preparativos. Mas no le recibieron, porque su aspecto era como de ir a Jerusalén. Viendo esto sus discípulos Jacobo y Juan, dijeron: Señor, ¿quieres que mandemos que descienda fuego del cielo, como hizo Elías, y los consuma?".

Lucas 9:52–54

Santiago y Juan pasaron mucho tiempo con Jesús. Experimentaron personalmente Su perdón, paciencia y gracia. Lo vieron acoger toda clase de personas con toda clase de problemas —*hasta* samaritanos— sin reservas. Lo vieron sanar a los poseídos por espíritus y a los oprimidos físicamente. Lo vieron poner la otra mejilla cuando fue insultado y rechazado, dando más de Sí para servir, buscar y salvar. Aun después de todo eso, los hermanos creían que Jesús aprobaría su plan de asesinato.

Léelo con tono sarcástico, porque la estupidez y la fealdad del racismo no son nada nuevo.

Ay, qué irónico, que los "gemelos trueno" pidieran un duro castigo contra los demás mientras ellos recibían gracia inmerecida. Pero eso es lo que los humanos solemos hacer.

Reconocemos nuestra desesperada necesidad de Jesús, solo para olvidarla después de conocerlo. Nos comparamos con quienes consideramos peores, juzgando los corazones y mentes de los demás como si tuviéramos ese derecho, y fallamos en extender el mismo amor y misericordia que Dios mismo nos ha mostrado repetidamente.

Juan y Santiago no eran gemelos, pero suena un poco gracioso decirlo así.

Pero bienaventurados los pobres en espíritu.

Ser pobre en espíritu no es cosa de dinero, si bien ser pobre en economía a veces facilita ser pobre en espíritu. La *escasez* de todo tipo tiende a ablandar nuestros corazones y exponer nuestra verdadera necesidad. Por otro lado, la riqueza a veces obstaculiza ser pobre en espíritu al fomentar la autosuficiencia e incluso el orgullo, que son enemigos de la postura humilde requerida para ser "pobre en espíritu". De hecho, algunos de los términos para "pobre" en la Biblia solían usarse para gente tan humilde, tan desamparada y desesperada, que requerían intervención externa, lo que es similar al uso actual de la palabra. Por ejemplo, al ver una noticia de un terrible accidente donde sacaron a un hombre de su vehículo para llevarlo al hospital, tal vez diríamos: "Pobre". Claro, no nos referimos a su cuenta bancaria; nos referimos a su desesperada necesidad de intervención y ayuda.

Gracia: algo bueno que Dios da que no merecemos recibir.

"Mas ¡ay de vosotros, ricos! porque ya tenéis vuestro consuelo". Lucas 6:24

En el Sermón del Monte, los "pobres" de los que Jesús habla son los que están listos y dispuestos a buscar la ayuda de Dios. Porque cuando reconocemos nuestra bancarrota espiritual, nuestra desesperada necesidad de ser salvados del pecado y de sus consecuencias, nos humillamos rápido. Y si somos inteligentes, nos quedamos así. Ser pobre en espíritu significa arrodillarse, ahora y para siempre. Significa vivir rendido ante nuestro Salvador, confiando en Él para recibir la ayuda que no podemos darnos a nosotros mismos.

Humillarse: abatirse en cuerpo o espíritu; estar sin orgullo.

Sin duda, los samaritanos que ofendieron a Santiago y Juan tenían sus propios problemas con el pecado, y su prejuicio contra los judíos cerró sus oídos y corazones a la realidad de Jesús. Y su rechazo a Jesús llevó a que los discípulos rechazaran la autoridad de Jesús, al menos en ese momento, porque invocar fuego del cielo para destruir una aldea entera es el *opuesto* de lo que Jesús estaba enseñando a hacer a Sus seguidores. Ellos apartaron los ojos de su líder y se fijaron demasiado en sus circunstancias, lo que provocó que saliera a luz su autosuficiencia santurrona.

Por otro lado, cuando estamos abatidos, Jesús es quién nos levanta. Y es Jesús quien nos dirige. Esto quiere decir que los que son pobres en espíritu no tienen el tiempo ni la disposición de juzgar a otros, porque están muy ocupados 1) luchando con su propio pecado continuo, 2) experimentando la gracia continua que los salvó en un inicio, y 3) fijando la mirada en Jesús y Su reino.

Un reino que, por cierto, ya está aquí.

Tu turno

2. ¿De qué manera eres como los Hijos del trueno?

3. ¿Qué carencia estás experimentando en tu vida, y qué necesidad más profunda deseas exponer?

4. Lee Isaías 66:1–2 (NVI), y subraya lo que Dios dice sobre los pobres en espíritu.

"El cielo es mi trono, y la tierra, el estrado de mis pies.
¿Qué casa me pueden construir?
¿Qué morada me pueden ofrecer?
Fue mi mano la que hizo todas estas cosas;
fue así como llegaron a existir—afirma el SEÑOR—.
Yo estimo a los pobres y contritos de espíritu,
a los que tiemblan ante mi palabra."

Contrito: que siente o expresa pena o arrepentimiento.

El trigo y la cizaña

"Les refirió otra parábola, diciendo: El reino de los cielos es semejante a un hombre que sembró buena semilla en su campo; pero mientras dormían los hombres, vino su enemigo y sembró cizaña entre el trigo, y se fue. Y cuando salió la hierba y dio fruto, entonces apareció también la cizaña. Vinieron entonces los siervos del padre de familia y le dijeron: Señor, ¿no sembraste buena semilla en tu campo? ¿De dónde, pues, tiene cizaña? Él les dijo: Un enemigo ha hecho esto. Y los siervos le dijeron: ¿Quieres, pues, que vayamos y la arranquemos? Él les dijo: No, no sea que al arrancar la cizaña, arranquéis también con ella el trigo. Dejad crecer juntamente lo uno y lo otro hasta la siega; y al tiempo de la siega yo diré a los segadores: Recoged primero la cizaña, y atadla en manojos para quemarla; pero recoged el trigo en mi granero".

Mateo 13:24–30

Es extraño que la parábola de Jesús del hombre que plantó semillas buenas en un campo mientras que su enemigo plantó semillas malas en el mismo describa el reino de los cielos. Pero es que es exactamente así. Porque vivimos en la era de plantar y cosechar, la parte de la historia donde Dios llama a Su pueblo de cada lengua, tribu y nación para construir Su reino celestial. Los que doblan sus rodillas ante el Rey para pertenecer a Su reino, que les pertenece, ellos son las buenas semillas que salen y crecen en medio de, *y a pesar de*, un mundo moribundo, lleno de cizaña.

Jesús enseñó a Sus discípulos sobre un nuevo modo de vida: un reino celestial que comienza en la tierra. No estaba simplemente enseñándoles a tomar buenas decisiones, aunque sí deberíamos obedecer la Palabra de Dios y ser imitadores de Jesús, y en definitiva NO deberíamos pedir que llueva fuego sobre la gente. Y aunque nuestras decisiones sí importan, no son el eje central de las bienaventuranzas en el SdM. Más bien, Jesús quería que Sus seguidores vieran y entendieran su **nueva realidad** y que la vida presente no es la única. Jesús vino ofreciéndose a Sí Mismo y ofreciendo todo lo que le pertenece, lo que incluye la membresía a Su reino. Al recibirle, estamos dentro, a pesar de seguir viviendo aquí.

Y saber eso debería cambiarlo todo. Aquí estamos, pero solo por ahora. Nuestras circunstancias son difíciles, pero solo por ahora. Nuestro dolor y sufrimiento son reales, pero solo por ahora. El pecado, la enfermedad y la lucha son parte de nuestras vidas, pero solo por ahora.

"Porque esta leve tribulación momentánea produce en nosotros un cada vez más excelente y eterno peso de gloria; no mirando nosotros las cosas que se ven, sino las que no se ven; pues las cosas que se ven son temporales, pero las que no se ven son eternas".
2 Corintios 4:17–18

¿Qué más es parte de nuestras vidas solo por ahora?

Para nerds bíblicos (como nosotros) que quieren saber

La primera bienaventuranza (Mt. 5:3) y la última (Mt. 5:10) cierran con "de ellos es el reino de los cielos", por lo que ha de ser una promesa importante para los bienaventurados. Pero ¿qué significa exactamente?

Bueno, para los judíos del primer siglo que escucharon el SdM, el "reino de los cielos" (es decir, el "reino de Dios") no solo significaba ir al cielo al morir. Entrar en un reino de cualquier tipo implicaba someterse a un rey y gozar de sus beneficios (o dificultades).

Los que escucharon el sermón de Jesús estaban sufriendo bajo el dominio romano con el César como rey, y anhelaban ser rescatados de su dominio injusto. El "reino de los cielos" era su muy esperada sociedad establecida por Dios donde el Mesías sería su Rey, gobernando con amor y justicia sobre Su pueblo escogido en una tierra en paz y plenitud.

Cabe destacar que esta bendición en particular no se expresa en tiempo futuro, sino en presente: "de ellos ES el reino de los cielos". No dice SERÁ. Esto significa que los judíos podrían estar equivocados en algunas de sus suposiciones sobre los detalles, pero no erraban al creer que el reino ya está aquí.

El acceso al Rey.
Podemos realmente acercarnos
al Dios del universo.

"Bendito sea el Dios y Padre de nuestro Señor Jesucristo, que nos bendijo con toda bendición espiritual en los lugares celestiales en Cristo, según nos escogió en él antes de la fundación del mundo, para que fuésemos santos y sin mancha delante de él, **en amor habiéndonos predestinado para ser adoptados** hijos [e hijas] suyos por medio de Jesucristo, según el puro afecto de su voluntad, para alabanza de la gloria de su gracia, con la cual nos hizo aceptos en el Amado...".

Efesios 1:3–6

"Así que, hermanos, **teniendo libertad para entrar en el Lugar Santísimo** por la sangre de Jesucristo, por el camino nuevo y vivo que él nos abrió a través del velo, esto es, de su carne, y teniendo un gran sacerdote sobre la casa de Dios, acerquémonos con corazón sincero, en plena certidumbre de fe, purificados los corazones de mala conciencia, y lavados los cuerpos con agua pura".

Hebreos 10:19–22

El sumo sacerdote tenía que atravesar una cortina para llegar al Lugar Santísimo en el templo: el lugar donde moraba la presencia de Dios. Cuando Cristo murió en la cruz, la cortina se rasgó en dos, abriéndose para ofrecer la presencia de Dios a todos.

El acceso al poder del Rey.
No nos quedamos sin poder en el mundo presente.

"Porque el reino de Dios no consiste en palabras, sino en poder".
1 Corintios 4:20

"Porque no nos ha dado Dios espíritu de cobardía, sino de poder, de amor y de dominio propio".
2 Timoteo 1:7

"Como todas las cosas que pertenecen a la vida y a la piedad nos han sido dadas por su divino poder, mediante el conocimiento de aquel que nos llamó por su gloria y excelencia...".
2 Pedro 1:3

La atención del Rey.
Jesús Mismo lleva nuestras necesidades al Padre.

"¿Quién es el que condenará? Cristo es el que murió; más aun, el que también resucitó, el que además está a la diestra de Dios, el que también intercede por nosotros. ¿Quién nos separará del amor de Cristo? ¿Tribulación, o angustia, o persecución, o hambre, o desnudez, o peligro, o espada? [...] Antes, en todas estas cosas somos más que vencedores por medio de aquel que nos amó. Por lo cual estoy seguro de que ni la muerte, ni la vida, ni ángeles, ni principados, ni potestades, ni lo presente, ni lo por venir, ni lo alto, ni lo profundo, ni ninguna otra cosa creada nos podrá separar del amor de Dios, que es en Cristo Jesús Señor nuestro".

Romanos 8:34–39

"...por lo cual [Jesús] puede también salvar perpetuamente a los que por él se acercan a Dios, viviendo siempre para interceder por ellos".

Hebreos 7:25

La presencia del Rey.
Dios está con nosotros todo el tiempo.
En todas las cosas.

"Y yo rogaré al Padre, y os dará otro Consolador, para que esté con vosotros para siempre: el Espíritu de verdad, al cual el mundo no puede recibir, porque no le ve, ni le conoce; pero vosotros le conocéis, porque mora con vosotros, y estará en vosotros".

Juan 14:16–17

"Mas el Consolador, el Espíritu Santo, a quien el Padre enviará en mi nombre, él os enseñará todas las cosas, y os recordará todo lo que yo os he dicho".

Juan 14:26

"Justificados, pues, por la fe, tenemos paz para con Dios por medio de nuestro Señor Jesucristo; por quien también tenemos entrada por la fe a esta gracia en la cual estamos firmes, y nos gloriamos en la esperanza de la gloria de Dios. Y no sólo esto, sino que también nos gloriamos en las tribulaciones, sabiendo que la tribulación produce paciencia; y la paciencia, prueba; y la prueba, esperanza; y la esperanza no avergüenza; porque **el amor de Dios ha sido derramado en nuestros corazones por el Espíritu Santo que nos fue dado"**.

Romanos 5:1–5

Tu turno

5. A la luz de los versículos anteriores, describe el favor de Dios hacia los pobres en espíritu.

6. En Su parábola de la cizaña, Jesús ilustró la coexistencia de Su reino y el mundo quebrantado en el que vivimos. ¿Cómo experimentas esta tensión en tu vida?

7. Las buenas decisiones son justas y fluyen de nuestro amor y devoción a Jesús. Pero nuestras decisiones no determinan nuestra dosis diaria del favor de Dios. Eso ya lo tenemos en su totalidad porque Jesús lo ha asegurado, así que no podemos ganarnos el favor antes ***ni después*** de pertenecer al reino. ¿Entender esto cómo te ayuda a cambiar alguna actitud de "Hijo del trueno" que puedas tener?

8. Lee Apocalipsis 21:1-4, y describe la plenitud del reino que está por venir.

GRANJA DE MELEC (NOCHE)

(Al anochecer, Jesús y Sus discípulos se sientan alrededor de la fogata de su nuevo amigo, terminando de comer. La esposa de Melec, Chedva, y su hija, Rebeca, se sientan a su lado).

SIMÓN *(entre risas)*: El bote casi se vuelca. Entonces la red se estiró tanto que pensé que me arrancaría los dos brazos.

ANDRÉS: Y Santiago y Juan se tomaron su tiempo en venir a ayudarnos.

(Andrés se voltea hacia Juan y Santiago el Mayor riéndose. Los hermanos, retraídos y molestos, no devuelven el gesto).

SIMÓN: Tuve que pedir ayuda cinco veces para que se movieran.

MELEC: Así que lo seguiste hasta Samaria.

MATEO: Le sugerimos una ruta alternativa siguiendo el Jordán.

MELEC: ¿No pensaste que puede ser peligroso para Ti?

(Chedva le lanza una mirada intimidante a Melec. Jesús lo mira a los ojos).

JESÚS: Por supuesto.

(Chedva aclara la garganta).

CHEDVA: Cuando yo era joven, mi padre me dijo que el Mesías traería el fin del dolor y el sufrimiento. Si Tú eres quien la gente dice que eres ¿cuándo harás eso?

(La fogata ilumina las caras de los discípulos. También les interesa la respuesta).

JESÚS: Estoy aquí para predicar la buena noticia del reino de los cielos. Un reino que no es de este mundo. Un reino que llegará pronto, donde sí, el dolor y el sufrimiento desaparecerán. Preparo el camino para que la gente llegue a ese reino. Pero, en este mundo, los huesos aún se rompen, los corazones aún se rompen. Pero al final la luz vencerá a la oscuridad.

Enfoque de la oración

Habla con Dios sobre tu pobreza espiritual y tu incapacidad de ganarte Su favor. Agradécele por buscarte y por escogerte para seguir a Jesús y disfrutar de Su reino. Pídele que te capacite mediante el Espíritu Santo para vivir según Sus valores divinos incluso cuando tus circunstancias sean difíciles.

Propuesta de oración

Amado Señor:

Gracias por extender Tu amor generoso e inmerecido hacia mí. Perdóname por todas las formas en las que intento ganarme el favor que ofreciste libremente mediante Jesús, en lugar de sencillamente reconocer mi pobreza espiritual y dependencia de Ti. Ayúdame a reconocerlo, Señor.

Gracias por acercarme a Tu reino. A través de Tu Espíritu Santo, ayúdame a permitir que Tu reino se abra paso en mi vida, incluso hoy. A pesar de mis circunstancias actuales, ayúdame a reconocer la felicidad en Ti y todos los regalos que has proporcionado.

Amén.

Natanael (alias Bartolomé)

Aunque al principio tuvo sus reservas, Natanael se volvió un seguidor de Jesús como resultado de la insistencia de Felipe en investigar la posibilidad de que Jesús pudiera ser el Mesías prometido (Jn. 1:43–51). Juan lo nombró explícitamente como Natanael entre los apóstoles (Jn. 21:2), aunque ese nombre no aparece en los cuatro Evangelios, sino que lo llaman "Bartolomé" en sus listas de apóstoles (Mt. 10:1–4; Mc. 3:13–19; Lc. 6:12–16; Hch. 1:13), por lo que concluimos que dicho hombre tenía dos nombres: Natanael Bartolomé. Por cierto, tener dos nombres era común en el primer siglo, incluso entre los doce apóstoles (por ejemplo, Simón Pedro y Leví Mateo). Varias tradiciones sostienen que Natanael Bartolomé llegó a ministrar en Turquía con Felipe (no es una sorpresa), en Partia con Andrés (la región de los actuales Irán y Afganistán), en Egipto con Pedro, e incluso en la India. Diversas tradiciones cuentan historias muy diferentes sobre su martirio: desollado vivo, crucificado, muerto a golpes, decapitado o ahogado en el mar (en teoría alrededor del año 82 d. C.).

Felipe

El Evangelio de Juan menciona que dos de los discípulos de Juan el Bautista se convirtieron en los primeros seguidores de Jesús, y menciona explícitamente a Andrés, quien luego reclutó a su hermano Simón Pedro (Jn. 1:35–42). Al igual que Pedro y Andrés, Felipe era de Betsaida, y se le conoce por reclutar a Natanael (o Bartolomé) para que también siguiera a Jesús (Jn. 1:43–51). Así, Felipe se considera como el segundo de los antiguos discípulos de Juan el Bautista en seguir a Jesús. Felipe aparece por nombre varias veces en el Evangelio de Juan (Jn. 6:5–7; 12:20–22; 14:6–10) y se cree que después llegó a ministrar en Turquía, Túnez y el norte de África. Su martirio fue por lapidación (54 d. C.).

Lección 2

LOS QUE LLORAN
y el Dios que ve

"Bienaventurados los que lloran, porque ellos recibirán consolación".

Mateo 5:4

CESAREA (DÍA)

(Natanael entra en un bar en Cesarea, derrotado. Por poco se cae sobre su taburete, y se dirige al camarero).

NATANAEL: Lo más fuerte... y barato.

CAMARERO: ¿Te pasa algo, amigo?

NATANAEL: Sí.

CAMARERO: ¿Alguien murió?

NATANAEL: Sí.

CAMARERO: Lamento tu pérdida. ¿Fue repentino?

NATANAEL: Creo que... él lo esperaba hace tiempo, pero se sintió repentino.

CAMARERO *(frunce el ceño)*: Hmm. Háblame de él.

NATANAEL: Él era un arquitecto. Era lo que había querido ser toda su vida.

CAMARERO: Triste.

NATANAEL: Él vino de la nada. Trabajó para progresar. Amaba a Dios. Quería construir sinagogas alguna vez. Yo sé que no es algo muy popular eso por aquí...

Una con columnas que cantaran. Parapetos que casi rezaran. Pasillos suntuosos que elevaran el alma hacia el cielo. Para eso Dios lo creó. O eso pensaba.

CAMARERO *(sacudiendo la cabeza)*: Suena como un tipo ambicioso. ¿Y de qué murió?

NATANAEL: Soberbia.

(El camarero lo mira mucho tiempo).

NATANAEL: (CONT.): Soy yo, por cierto. Soy el muerto de la historia.

CAMARERO: Sí, me di cuenta.

NATANAEL: Solo quería ser claro.

(MÁS TARDE, FUERA DE CESAREA)

(Natanael arrastra los pies por una zona rural. Se sienta bajo una higuera, lleno de remordimiento. Mira a su alrededor; no hay nadie en el área. Está solo. Saca dibujos arquitectónicos de su bolso y los revisa).

NATANAEL: Esto fue hecho para Ti.

(Mira al cielo).

Bendito seas Tú... Bendito seas Tú, Señor, Dios nuestro, Rey del universo.

(Suspira, sacude la cabeza, como si quiere decir cualquier cosa que se le ocurra).

Israel, escucha, Él es nuestro Dios. El Señor es uno.

(Golpea un pedernal contra una piedra y prende fuego a los dibujos. Mientras comienzan a arder...).

Señor, escucha mi oración. Permite que mi clamor llegue a Ti. No escondas Tu rostro de mí en el día de mi angustia.

(Las lágrimas fluyen).

Inclina tu oído hacia mí. Respóndeme rápido hoy que te llamo.

(Vuelve a mirar al cielo, hace una pausa).

¿No? Esto fue hecho para Ti. ¡No escondas Tu rostro de mí! ¿Acaso me ves?

(Se recuesta contra la base del árbol, abrazando sus rodillas a la barbilla mientras ve arder sus sueños).

NATANAEL (CONT.): ¿Tú me ves?

Esperanza pospuesta

Seamos honestos, la felicidad es mejor fórmula de ventas que el "consuelo en el dolor". En realidad nuestra tendencia humana es suponer que seguir a Jesús = mayor felicidad. Es posible que no siempre estemos conscientes de que esa es nuestra expectativa espiritual, pero cuando la vida sale mal y el dolor llega, no dudamos en preguntarle a Dios:

¿Cómo pudiste? ¿Por qué lo hiciste? ¿Acaso no me ves? ¿Acaso no me amas?

La verdad es que el dolor puede ser totalmente desgarrador. Sabemos que Dios tiene el poder de sanar, pero no siempre sana. Al menos no siempre de este lado de la eternidad. Sabemos que tiene el poder de salvar nuestra reputación, nuestro trabajo, a nuestros seres queridos, nuestras esperanzas y sueños, pero a veces no lo hace. Sabemos que Dios tiene el poder de cambiar, arreglar, proteger y proveer exactamente como nos gustaría, así que cuando no lo hace dudamos de Su amor por nosotros, incluso de Su mismo carácter.

Pero "bienaventurados los que lloran".

Ante el sufrimiento o la muerte, el consuelo de Dios en el duelo pareciera un premio de consolación algo patético —excepto para aquellos que lo han recibido.

Tu turno

1. ¿De qué manera has experimentado el duelo en tu vida? ¿Cómo respondiste ante ello?

La alegría y la tristeza

"El siguiente día quiso Jesús ir a Galilea, y halló a Felipe, y le dijo: Sígueme. Y Felipe era de Betsaida, la ciudad de Andrés y Pedro. Felipe halló a Natanael, y le dijo: Hemos hallado a aquel de quien escribió Moisés en la ley, así como los profetas: a Jesús, el hijo de José, de Nazaret. Natanael le dijo: ¿De Nazaret puede salir algo de bueno? Le dijo Felipe: Ven y ve. Cuando Jesús vio a Natanael que se le acercaba, dijo de él: He aquí un verdadero israelita, en quien no hay engaño. Le dijo Natanael: ¿De dónde me conoces? Respondió Jesús y le dijo: Antes que Felipe te llamara, cuando estabas debajo de la higuera, te vi".

Juan 1:43–48

No podemos saltarnos la tristeza. Si pudiéramos, no seríamos del todo capaces de experimentar el amor, la alegría o la paz, ni cualquier otra cosa buena, porque la tristeza refleja nuestra capacidad para las cosas buenas. En principio, **la tristeza es el reconocimiento del alma de que el mundo no es lo que Dios lo creó para ser.** Esa pérdida, quebrantamiento y muerte en realidad son la antítesis de Su creación. Y así como nosotros, Él se aflige, pero no solo porque nuestro pecado destruyó Su hermoso mundo. Él se aflige con nosotros porque nos ama, y porque nada de lo que experimentamos le pasa desapercibido.

"Porque sabemos que toda la creación gime a una, y a una está con dolores de parto hasta ahora; y no sólo ella, sino que también nosotros mismos, que tenemos las primicias del Espíritu, nosotros también gemimos dentro de nosotros mismos, esperando la adopción, la redención de nuestro cuerpo". Romanos 8:22–23

Lo que nos lleva a Natanael. Podemos suponer que el futuro discípulo no siguió a Jesús solo con base en Su capacidad de ver dónde se sientan las personas. Sin duda lo de la higuera fue genial, pero no fue lo único que Jesús sabía, porque en su breve conversación, Jesús reveló un conocimiento mucho más íntimo: "He aquí un verdadero israelita, en quien no hay engaño".

"¿De Nazaret puede salir algo bueno?".

Con base en el comentario de Natanael a Felipe sobre la ciudad natal de Jesús, podemos deducir que no ocultaba las cosas, que "hablaba su verdad", que acostumbraba decir las cosas "como son". O más precisamente, era obstinado, quizás orgulloso, un poco grosero y algo prejuicioso. Y Jesús lo sabía bien, si bien lo dijo de una forma más amable. Había visto a Natanael bajo la higuera y todos los días anteriores. Conocía la historia de su vida, sus dolores y triunfos, sus temores y sueños, sus debilidades y fortalezas. Jesús sabía qué lo impulsaba. Conocía sus pensamientos, ya sea bajo la higuera o de pie frente al Creador Mismo.

"He aqui un verdadero Israelita, en quien no hay engaño".

Tal conocimiento, tal consuelo de ser conocido tan íntimamente, hizo que aquel israelita imperfecto, pero aún así llamado, fuese transformado; sus duelos y angustias serían cargados para siempre por Aquel que lo vio, el mismo que nos ve cuando estamos solos, cuando estamos en el dolor, incluso antes de que sepamos que está ahí.

Tu turno

2. En el episodio 2, Natanael está en duelo bajo la higuera. Aunque no sabemos bien qué estaba pensando en ese momento ¿qué *sí* podemos saber según Salmos 34:18?

3. Según Éxodo 3:7 ¿qué *sí* podemos saber?

4. Según 2 Corintios 1:3-4 ¿qué *sí* podemos saber?

De las cenizas

"El Espíritu de JEHOVÁ el Señor está sobre mí, porque me ungió JEHOVÁ; me ha enviado a predicar buenas nuevas a los abatidos, a vendar a los quebrantados de corazón, a publicar libertad a los cautivos, y a los presos apertura de la cárcel; a **proclamar el año de la buena voluntad de** JEHOVÁ, y el día de venganza del Dios nuestro; a consolar a todos los enlutados; a ordenar que a los afligidos de Sion se les dé gloria en lugar de ceniza, óleo de gozo en lugar de luto, manto de alegría en lugar del espíritu angustiado; y serán llamados árboles de justicia, plantío de JEHOVÁ, para gloria suya".

Isaías 61:1–3

Poner cenizas sobre la cabeza era una expresión de dolor, y por el contrario poner aceite en el cabello era una expresión de regocijo.

"Ahora me gozo, no porque hayáis sido contristados, sino porque fuisteis contristados para arrepentimiento; porque habéis sido contristados según Dios, para que ninguna pérdida padecieseis por nuestra parte. Porque la tristeza que es según Dios produce arrepentimiento para salvación, de que no hay que arrepentirse; pero la tristeza del mundo produce muerte".
2 Corintios 7:9–10

Mediante el profeta Isaías en el Antiguo Testamento, Dios prometió que el Mesías ungido por el espíritu convertiría la tristeza en gozo, ¿pero eso qué significa, si ya determinamos que Él no siempre quita la(s) causa(s) de nuestro dolor?

Sencillamente hay tantas razones para dolernos. A veces la pobreza o la persecución nos llevan a la tristeza; la enfermedad y la muerte por supuesto que sí, sin mencionar el enfrentarnos a nuestro pecado. Pero Dios en realidad *usa* nuestro dolor, angustia y lamentable necesidad para acercarnos a Él. El consuelo expresado en el contexto de Isaías 61 era para los que lo buscaban para el perdón de sus pecados (Is. 59:9–15) y para el socorro en las dificultades que experimentaban (Is. 60:14–18). A raíz de su tristeza, lo buscaron por lo que Él podía hacer por ellos que no podían hacer por sí mismos.

Nosotros, de hecho, no podemos consolarnos solos. No de manera real ni profunda. Podemos ser optimistas, contar las bendiciones y ver un vaso medio lleno, pero en lo profundo de nuestros corazones no podemos ser para nosotros mismos lo que realmente necesitamos. Ni tampoco ninguna otra cosa o persona en todo el mundo. A veces podemos afectar temporalmente nuestra felicidad, pero no podemos ser el bálsamo que necesitamos cuando se nos va. Y sí se va.

Como vimos en la historia de María, Marta y su hermano Lázaro, Jesús también lloró. De hecho, en Isaías 53 se le llama un "varón de dolores, experimentado en quebranto; y como que escondimos de él el rostro, fue menospreciado, y no lo estimamos" (v. 3).

No es común que pensemos en Jesús como un hombre de dolores. De hecho, cuando nos pasa algo malo, solemos sentir como si Dios *nos hubiera hecho algo a nosotros*, y pasamos por alto que Él está afligido *junto con nosotros*. Aunque es verdad que Él es soberano y a veces permite cosas difíciles, también es verdad que **Él permanece en las cosas difíciles**, y que ha *pasado* por las cosas difíciles. Jesús perdió a personas que amaba por enfermedad y muerte, entre ellos su primo Juan el Bautista (Mt. 14:1–12) y Su padre terrenal (nótese la ausencia de José en Jn. 19:26–27). Perdió Su reputación en Su ciudad natal de Nazaret, probablemente junto con Sus amigos de la infancia (Lc. 4:16–29). Toda Su vida, fue sencillo y pasado por alto (Is. 53:2). Era pobre, así que experimentó la incomodidad física del hambre y de dormir en el suelo (Lc. 2:6–7; 2 Cor. 8:9; Heb. 4:14–15). Fue rechazado,

"Jesús entonces, al ver [a María] llorando, y a los judíos que la acompañaban, también llorando, se estremeció en espíritu y se conmovió, y dijo: ¿Dónde le pusisteis? Le dijeron: Señor, ven y ve. Jesús lloró".
Juan 11:33–35

Soberano:
que tiene poder supremo o máximo (e.d. Dios sabe y entiende las cosas que aún no vemos o entendemos).

traicionado, desechado, incomprendido, maltratado y, en última instancia, asesinado por las mismas personas a las que vino a salvar (Jn. 19:1–30).

Ciertamente fue un varón de dolores, íntimamente familiarizado con la aflicción.

Incluyendo la tuya.

Dios te ve. Sabe lo que te duele, y se duele contigo. Se aflige por tu aflicción, la pérdida del plan original de Su creación y el efecto dominó de un mundo que fue roto, retorcido y oscurecido. Y se ofrece a ti en medio de tu angustia. Piensa en eso: el Creador del universo, el Rey todopoderoso, el Redentor y Re-creador, Él *te ve*. Y ve lo que te duele.

No te pide que te apures a superar tu dolor. No es impaciente contigo ni se decepciona por tu incapacidad de estar bien. Sabe que algunas formas de dolor dejan cicatrices del pasado o temor al futuro, y no se aleja de ti como respuesta ante tu confusión, enojo o incertidumbre. Como cualquier buen padre respondería ante un hijo herido, Dios se acerca a ti en tu dolor. Por eso bienaventurados ustedes que lloran, porque serán consolados por el Dios que los ama, Aquel cuyo favor está sobre ti.

Y saber eso debería cambiarlo todo. Nos dolemos, pero Dios se aflige con nosotros; nunca estamos solos. Dios nos ve, nos entiende íntimamente y se nos acerca; nunca nos abandona en el dolor. Por el contrario, nos sostiene con un amor firme y promete convertir nuestra tristeza en alabanza.

¿Cómo?

Inclinándose para rescatarnos y sanarnos, desde el primer día y todos los días.

"Mas tú, JEHOVÁ, eres escudo alrededor de mí;
mi gloria, y el que levanta mi cabeza".

Salmos 3:3

"Cercano está JEHOVÁ a los quebrantados de corazón;
y salva a los contritos de espíritu".

Salmos 34:18

"JEHOVÁ está en medio de ti, poderoso, él salvará; se gozará sobre ti con alegría, callará de amor, se regocijará sobre ti con cánticos".

Sofonías 3:17

"Y sabemos que a los que aman a Dios, todas las cosas les ayudan a bien, esto es, a los que conforme a su propósito son llamados".

Romanos 8:28

Morando entre nosotros, el Consolador Mismo viviendo en nuestros corazones e intercediendo por nosotros.

"Y yo rogaré al Padre, y os dará otro Consolador, para que esté con vosotros para siempre: el Espíritu de verdad, al cual el mundo no puede recibir, porque no le ve, ni le conoce; pero vosotros le conocéis, porque mora con vosotros, y estará en vosotros. No os dejaré huérfanos; vendré a vosotros".

Juan 14:16–18

"Y de igual manera el Espíritu nos ayuda en nuestra debilidad; pues qué hemos de pedir como conviene, no lo sabemos, pero el Espíritu mismo intercede por nosotros con gemidos indecibles".

Romanos 8:26

Usándonos para consolar a otros y orientarles hacia Aquel que nos consuela.

"Bendito sea el Dios y Padre de nuestro Señor Jesucristo, Padre de misericordias y Dios de toda consolación, el cual nos consuela en todas nuestras tribulaciones, para que podamos también nosotros consolar a los que están en cualquier tribulación, por medio de la consolación con que nosotros somos consolados por Dios. Porque de la manera que abundan en nosotros las aflicciones de Cristo, así abunda también por el mismo Cristo nuestra consolación. Pero si somos atribulados, es para vuestra consolación y salvación; o si somos consolados, es para vuestra consolación y salvación, la cual se opera en el sufrir las mismas aflicciones que nosotros también padecemos. Y nuestra esperanza respecto de vosotros es firme, pues sabemos que así como sois compañeros en las aflicciones, también lo sois en la consolación".

2 Corintios 1:3–7

"Gozaos con los que se gozan; llorad con los que lloran".

Romanos 12:15

"Porque para mí el vivir es Cristo, y el morir es ganancia. Mas si el vivir en la carne resulta para mí en beneficio de la obra, no sé entonces qué escoger. Porque de ambas cosas estoy puesto en estrecho, teniendo deseo de partir y estar con Cristo, lo cual es muchísimo mejor; pero quedar en la carne es más necesario por causa de vosotros".

Filipenses 1:21–24

Pablo fue un discípulo de Cristo que fue perseguido por su fe. Anhelaba la muerte porque implicaba estar con Jesús en el cielo y el fin de su dolor, pero también sabía que seguir en la carne implicaba compartir con más personas sobre Jesús y sobre el consuelo y esperanza que provee.

Poniéndole fecha de caducidad a nuestro dolor… gracias a la esperanza del cielo.

"Bienaventurados los que ahora lloráis, porque reiréis".

Lucas 6:21

"Enjugará Dios toda lágrima de los ojos de ellos; y ya no habrá muerte, ni habrá más llanto, ni clamor, ni dolor; porque las primeras cosas pasaron".

Apocalipsis 21:4

"Ya no tendrán hambre ni sed, y el sol no caerá más sobre ellos, ni calor alguno; porque el Cordero que está en medio del trono los pastoreará, y los guiará a fuentes de aguas de vida; y Dios enjugará toda lágrima de los ojos de ellos".

Apocalipsis 7:16–17

Tu turno

5. A la luz de los versículos anteriores, describe el favor de Dios para los que lloran.

6. Jesús leyó en voz alta Isaías 61 en la sinagoga de su ciudad natal, y luego dijo: "Hoy se ha cumplido esta Escritura delante de vosotros" (Lc. 4:21); es decir, *Yo soy de quien Isaías habló, El que sana a los quebrantados, libera a los presos y consuela a los que lloran.*

¿Cómo has experimentado a Jesús de estas formas en tu vida?

7. ¿Qué efecto tiene saber que Jesús experimentó el dolor a lo largo de toda Su vida terrenal sobre tu manera de ver tu propia vida?

8. Lee Juan 10:14–15. Jesús es nuestro Pastor y nos guía a "fuentes de agua de vida" (Ap. 7:17), pero a veces quedamos atrapados en nuestro dolor y nos resistimos a Su liderazgo. ¿De qué manera saber que Él es el Buen Pastor, nuestro Consolador, Empatizante, Salvador y Sanador, te facilita dejar que te guíe?

EXT. HOSTAL (NOCHE)

(Jesús sale a la calle y cierra la puerta detrás de Él).

FELIPE: Rabí.

(Jesús se vuelve para ver a Felipe caminando con Natanael. Ajusta su postura y parece genuinamente honrado).

JESÚS: Bien, esta es una gran noche.

(Los dos hombres están confundidos. A Felipe…).

JESÚS (CONT.): ¿Sabes quién está a tu lado?

FELIPE *(desconcertado)*: Este es mi amigo, Natanael.

(Jesús no deja de mirar a Natanael).

JESÚS: Sí, el que dice la verdad.

(Eso llama su atención).

NATANAEL: ¿Disculpa?

JESÚS: El hombre es a menudo engañoso, e Israel comenzó con Jacob, que era algo embustero, ¿no?

NATANAEL: ¿Sí?

JESÚS: Pero una de las grandes cosas sobre ti es que eres un verdadero israelita. En ti no vive el engaño.

NATANAEL *(mirando a Felipe)*: ¿Qué le dijiste sobre mí?

(Felipe niega con la cabeza).

NATANAEL (CONT.): ¿Qué es esto? ¿Cómo me conoces?

JESÚS: Te conozco desde mucho antes de que Felipe te dijera que vinieras.

(Natanael ojea a Felipe).

JESÚS (CONT.):

No lo mires a él, mírame a mí.

Cuando estabas en tu peor momento, y estabas solo, yo no aparté mi rostro de ti.

Yo te vi. Bajo la higuera.

(Los ojos de Natanael se abren).

NATANAEL: Rabí.

(Felipe no entiende nada, pero mira con entusiasmo. Los ojos de Natanael lagrimean).

JESÚS: Eso es.

NATANAEL: Eres el Hijo de Dios. El Rey de Israel.

FELIPE: Lo sabía.

JESÚS: Eso sí que fue rápido.

FELIPE: Él no pierde el tiempo.

JESÚS: ¿Porque te dije que te vi bajo la higuera, me creíste? Serás testigo de cosas mucho más grandes que esa.

(Jesús lo toma de los hombros, se inclina hacia la cara asombrada de Natanael).

JESÚS (CONT.): Como Jacob, verás a los cielos abrirse, y a los ángeles de Dios ascendiendo y descendiendo sobre el Hijo del Hombre. Ese soy yo, por cierto.

NATANAEL *(se ríe)*: Sí, lo había entendido.

JESÚS: Bien. Sé que te gusta ser claro.

(Andrés y Simón salen del hostal con prisa).

ANDRÉS: Rabí. Perdón por interrumpir, pero Juan acaba de llegar con un mensaje de Siria.

JESÚS: ¿Regresó?

SIMÓN: Sí, dijo que la gente ya está reunida para verte, muchos con aflicciones que sanar. *(Emocionado).* Tu fama se extiende. Es bueno.

ANDRÉS: Mejor descansa, Rabí. Saldremos temprano.

JESÚS: Gracias, muchachos.

(Se apresuran de regreso. Jesús se vuelve a Natanael).

JESÚS (CONT.):

Entonces ¿tú querías ayudar a construir algo que inspirara plegarias y cantos? Una obra que acercara las almas al cielo, ¿no?

(Natanael asienta).

Puedes empezar mañana.

Enfoque de la oración

Habla con Dios sobre las cosas que te afligen en este momento. Agradécele por Su pleno conocimiento de tu situación y por el hecho de que le importa. Agradécele porque sabe por experiencia personal cómo es el dolor y porque desea compartir tu dolor, ir a tu lado y consolarte. Pídele que te capacite por medio de Su Espíritu Santo para vivir con alegría, de algún modo, en medio de tu dolor, y para ver con esperanza el momento en que todas las lágrimas se enjugarán por siempre.

Propuesta de oración

Señor:

Sabes mejor que yo que hay cosas que me inquietan y me causan gran tristeza. Gracias por entender mi dolor.

Jesús, reconozco que mientras vivías en la tierra también experimentaste todo tipo de dolores, y me consuela saber que en verdad me entiendes y empatizas conmigo.

Ayúdame a estar triste por las mismas cosas que te entristecen, pero al mismo tiempo necesito Tu ayuda para seguir adelante en mi vida en medio de este dolor. A través de Tu Espíritu Santo, ayúdame para que gozarme en Ti sea parte de mi vida, incluso ahora mientras espero.

Amén.

Santiago (Jacobo), hijo de Alfeo (llamado Santiago el Menor)

Al ser el segundo apóstol llamado Santiago, aparece en las listas de los apóstoles como "Santiago hijo de Alfeo" (Mt. 10:3; Mc. 3:18; Lc. 6:15; Hc. 1:13), pero fuera de eso casi no aparece en el Nuevo Testamento. A veces se confunde a este Santiago no con el hijo de Zebedeo, sino con el medio hermano de Jesús, Santiago (quien fue un líder influyente de la iglesia en el libro de Hechos y se suele identificar como "Santiago el Justo" en la tradición extrabíblica. ¡Cuántos Santiagos!).

Tradicionalmente se piensa que Santiago el Menor (como se le llama en *The Chosen*) ministró al pueblo armenio y fue martirizado entre ellos en Partia, la región del actual Irán. Se dice que sus huesos fueron llevados a la Catedral de Santiago en el barrio armenio de la Ciudad Vieja de Jerusalén. Una tradición posterior sugiere la posibilidad de que haya ministrado en Egipto y sido martirizado ahí. Se cree que la Basílica de los Santos Apóstoles en Roma tiene sus restos, así como los de Felipe, ambos trasladados ahí desde Constantinopla en el Siglo VI. Se dice que fue apaleado hasta la muerte o aserrado en dos (70 d. C.).

Lección 3

LOS MANSOS
y la fuente

"Bienaventurados los mansos, porque ellos recibirán la tierra por heredad".

Mateo 5:5

EXT. CAMPAMENTO SIRIO (TARDE)

TADEO: ¿Cómo va?

FELIPE: Se está haciendo más largo. Volveré pronto a ayudarte; no tomaré todo mi descanso.

SANTIAGO EL MAYOR: ¿Dónde está Natanael? Es mi turno de reemplazarlo.

FELIPE: Dice que va a quedarse; no quiere detener su turno.

SANTIAGO EL MENOR *(señalando el juego)*: Felipe, toma el lugar. Ve si puedes avanzar algo; es muy bueno.

(Tadeo y Santiago el Menor se van, Felipe se dirige hacia Tomás. Mateo lee sus notas).

MATEO: Ya hubo casi sesenta personas hasta ahora; hay casi cincuenta en la línea sin incluir los leprosos y otros que no están ahí.

SANTIAGO EL MAYOR: ¿Dijiste que ahora hay cincuenta en línea?

MATEO: Sí.

SANTIAGO EL MAYOR: ¿Cuánto va a durar esto?

MATEO: Bien, depende de cada encuentro; tu...

SANTIAGO EL MAYOR: No importa, ya entendí.

(Mateo se detiene, luego se acerca a María y Ramah, que acaban de salir de sus de sus tiendas).

RAMAH: Mateo, ¿conseguiste más ideas de Felipe?

MATEO: Sí, de las canciones de David, un pasaje que estudio antes de aprender más.

SANTIAGO EL MAYOR *(mirando su palma mientras él y Juan caminan hacia la fogata)*: Ah, todavía me sangra.

JUAN: ¿Qué? ¿Eso es por la madera de antes?

SANTIAGO EL MAYOR: Sí, y luego cuando alejé al hombre que apuraba la línea me lastimé un poco más. Dame esa tela.

(Juan toma una tela del piso, y Santiago se venda la mano).

FELIPE: Ese hombre que dices se topó conmigo cuando salía, luego de que Jesús curara a su esposa. Creo que es uno de los que llegó aquí ayer.

SANTIAGO EL MAYOR: Vine casi cuatro horas caminando hoy, y no tuvimos ni un momento para descansar. Digo, es genial lo que hace, obviamente, pero desearía que fuera mañana.

TOMÁS: ¿Qué está pasando? ¿En qué participamos?

JUAN: ¿Está mal decir que no tengo idea?

TOMÁS: No, me hace sentir mejor.

RAMAH: Creo que no he tenido tiempo de pensarlo. Si lo piensan, todo este tiempo solo sé que mis padres lo odian. Aparte de eso, creí que Tomás y yo tendríamos respuesta del resto de ustedes.

TOMÁS: El rumor se expande muy rápidamente. No pensé en eso. ¿Pensaron en la fama que traerá todo esto?

JUAN: No me molestaría la fama.

SANTIAGO EL MAYOR: Eso no fue una sorpresa.

FELIPE: No es divertido como crees.

JUAN: No recuerdo un momento en mi vida en que no pensara en el Mesías al menos una vez por semana. Mi vida entera oré por que Él viniera en este tiempo, y esperaba al menos tener la oportunidad de verlo. ¿Pero cerca, como ahora? ¿Un nadie como yo? ¿Qué está mal con eso?

SANTIAGO EL MAYOR: ¿Disfrutaste lo de hoy?

FELIPE: Quizás no disfrutar, pero sí. Con esta fama, habrá enemigos. Pronto seremos odiados también.

MATEO: Ya sé cómo es.

FELIPE: Estabas protegido, y tus enemigos eran débiles.

SANTIAGO EL MAYOR: Hablando de enemigos, si alguien les dijera de pequeños: "Oye, tú, serás estudiante del Mesías. SÍ, TÚ. Tú estarás cerca de Él, tú ayudarás con Su misión", ¿qué hubieran dicho?

RAMAH: Hubiera dicho: "Lo siento, soy mujer. Busca a mi hermano".

SANTIAGO EL MAYOR: Está bien. Pero en serio, Tomás, ¿qué hubieras pensado?

TOMÁS: Hubiera pensado *"No tengo entrenamiento militar"*. Es también un problema ahora.

SANTIAGO EL MAYOR: Exacto. Cuando yo era pequeño, pensaba qué asombroso sería ver al Mesías matar a todos los romanos de mi calle, y quería ayudarlo. Entrenaba cada día con una espada de madera, ¿no?

JUAN *(levantando el codo)*: Sí, sí, así es. La cicatriz prueba que era bueno.

RAMAH: Solía imaginar que los romanos entrarían a mi casa, y estaría escondida bajo la cama con un cuchillo y, justo cuando entraran a agarrarme, el Mesías me rescataría en el último momento.

SANTIAGO EL MAYOR: No creía que pasaríamos el tiempo sanando... Bueno, viéndolo a Él sanar. Y no se detendrán. La gente vendrá mientras más se sepa, y vamos a hacer esto los próximos cinco años. Y nunca llegará el momento de pelear.

FELIPE: Ansioso por usar tu gran espada de madera, ¿verdad?

Todo menos extintos

Una definición de *manso* dice que significa "deficiente en espíritu o valentía, no violento ni fuerte."

No estamos de acuerdo.

La humildad se enfoca en el auto-concepto de una persona.

La mansedumbre se enfoca en el comportamiento de una persona hacia los demás como resultado de su auto-concepto.

Al rechazar el orgullo, una persona *humilde* evita jactarse pues no busca recibir el crédito, mientras que una persona *mansa* evita tomar represalias pues no busca vengarse.

Tanto la persona humilde como la mansa buscan glorificar a Dios mediante su respuesta ante las circunstancias al confiar en Él para recibir validación, ánimo, libertad y justicia.

La mansedumbre es un rasgo poco común, incomprendido y poco admirado. Tal vez sea porque la palabra *manso* se parece a *débil*, y creemos que significa eso. Preferimos adjetivos como *audaz, valiente, impresionante y feroz*. Nos fijamos en la gente que va al frente, los que se hacen notar y van triunfando. Votamos por candidatos políticos fuertes, vemos las premiaciones de alfombra roja y conseguimos autógrafos de jugadores estrella porque admiramos a la gente popular, rica, bella, exitosa, fuerte e intrépida.

Sin embargo, bienaventurados los mansos.

En una cultura que enaltece la autoprotección, el egoísmo y el autoempoderamiento, la mansedumbre es un arte perdido. A diferencia de los diccionarios, la Biblia describe el ser manso como tener una fuerza oculta, escondida bajo la superficie, nunca ejercida con imprudencia o crueldad, sino desplegada con delicada precisión y consideración. Una persona mansa no carece de fuerza ni valentía; más bien, elige una postura de humildad. El problema es que poner constantemente a otros por delante de nosotros requiere más fuerza de la que muchos realmente tenemos.

Hablaremos más de esto pronto.

Tu turno

1. Sé honesto. ¿A quién admiras, y por qué? ¿Cuáles son algunas de las características que te impresionan más y que más quisieras tener? (Spoiler: casi no se menciona la mansedumbre).

Pequeño, menor, inferior

"También había algunas mujeres mirando de lejos, entre las cuales estaban María Magdalena, María la madre de Jacobo el menor y de José, y Salomé...".

Marcos 15:40

Dos de los discípulos de Jesús tenían el mismo nombre: Santiago, hijo de Alfeo, y Santiago, hijo de Zebedeo. Se escribió muy poco sobre Santiago, hijo de Alfeo, aunque sí llegó a obtener un apodo a lo largo del camino: *Santiago el Menor*, en comparación con *Santiago el Mayor*. Brutal, ¿no? Algunos suponen que recibió este nombre por su altura, que era el más bajo de los dos discípulos. Otros argumentan que fue por su edad, que era el más joven de los dos discípulos. Y aún otros dicen que fue porque era menos importante que "¡SANTIAGO, HIJO DEL TRUENO!" (... trueno! ... trueno!), lo que plantea la pregunta: ¿según quién era menos importante?

Lo que sí sabemos es que "Pequeño Santiago" se unió a Aquel que creía que rescataría a los judíos (#bold). Sabemos que confiaba en Jesús para la provisión diaria de sus necesidades básicas, al renunciar a la comodidad y familiaridad del hogar por la imprevisibilidad, peligro e incomodidad del camino (#brave). Sabemos que se sometió al liderazgo de Jesús, lo que implicaba mucho servicio a pesar de sus deficiencias personales (#impressive). Y sabemos que después de la muerte y resurrección de Jesús, Santiago y sus compañeros llevaron el mensaje del Evangelio hasta los confines de la tierra, a pesar de la persecución continua y la

Para nerds bíblicos (como nosotros) que quieren saber

"Jacobo el Menor", así lo nombran en 27 traducciones de la Biblia.

"Santiago el Menor", así lo nombran en 40 traducciones de la Biblia.

Otras traducciones prefieren llamarlo "el Joven".

La evolución del lenguaje a lo largo del tiempo conduce a nuevas traducciones, incluso dentro de un mismo idioma (por ejemplo, las docenas de traducciones al español a nuestra disposición). Esto es porque algunos traducen palabra por palabra, otros idea por idea, y otros hacen una paráfrasis.

probabilidad de morir (#fierce). También sabemos que en el Nuevo Mundo se sentará junto a Jesús sobre uno de los doce tronos, que juzgará a las tribus de Israel (Mt. 19:28), y que su nombre será escrito en los mismos cimientos de la ciudad celestial (Ap. 21:14).

Santiago el *Menor*—¡já! Solo por nuestros patéticos, superficiales estándares humanos empapados de pecado diríamos que Santiago, hijo de Alfeo, líder de la iglesia del primer siglo y amigo personal del Salvador del mundo se ganó ese nombre. A lo mejor ser llamado el "menor" era el mejor cumplido que jamás recibió.

Jesús en realidad escogió a gente que el mundo no estimaba —pescadores pobres, un recaudador de impuestos despreciado, un zelote radical y rebelde y mujeres consideradas de menor posición que los hombres— para ser los pilares del reino que Él traería al mundo. Un reino con una serie de prioridades muy diferentes a las que los humanos estimamos, y Jesús predicó en consecuencia, no solo en el SdM, sino todos los días, en todos los sentidos. Acogió a los niños, a los pobres, a los enfermos y a los rechazados, y enseñó a Sus seguidores a servirles, por lo que, así como los discípulos del episodio 3, podemos tener certeza de que el Pequeño Santiago a veces estuvo sorprendido y confundido por la persona de Jesús y lo que Él eligió hacer. Después de todo, los judíos esperaban que el tan anhelado Mesías fuera un líder militar **nada manso** quien los libraría de la ocupación romana. Alguien fuerte y poderoso. Alguien impresionante a la vista.

Lo que obtuvieron en su lugar lo cambió todo.

Para nerds bíblicos (como nosotros) que quieren saber

La visión del profeta en Zacarías 14 muestra una acción militar contra Jerusalén y describe algunos de los horrores de la guerra en contra de sus habitantes (v. 1–2). Aunque no se da la fecha de los eventos, el Señor Mismo aparece victorioso contra los enemigos de Jerusalén y con un impacto trascendental (v. 3–4). Así, tiene sentido que algunos judíos esperaban que el Mesías llegara como un vencedor militar para rescatar a Su pueblo de sus enemigos.

Sin embargo, las imágenes astronómicas y meteorológicas (v. 6–8), las descripciones de Jesús como "rey sobre toda la tierra" (v. 9) y Jerusalén estando eternamente a salvo de la destrucción (v. 11) confirman que el cumplimiento final de esta profecía ocurrirá al final de la historia humana.

Tu turno

2. La mansedumbre es una actitud del corazón, no un producto de nuestro ADN, de nuestra educación o de nuestra capacidad de defendernos solos. Según Mateo 11:28-30, ¿cómo se adopta una actitud mansa? ¿Quién es nuestro mayor ejemplo?

3. Se ha dicho que una persona mansa no es débil, sino más como un león domado, alguien que "controla su fuerza". ¿Cómo cambia esto tu opinión de la palabra? ¿Cómo cambiaría tu manera de responder la siguiente vez que alguien te maltrate?

4. Dios no valora lo que el mundo valora. Subraya las frases a continuación que describen el tipo de persona que Él elige, y luego explica por qué era bueno que el Pequeño Santiago amara y acogiera su sobrenombre.

> "...sino que lo necio del mundo escogió Dios, para avergonzar a los sabios; y lo débil del mundo escogió Dios, para avergonzar a lo fuerte; y lo vil del mundo y lo menospreciado escogió Dios, y lo que no es, para deshacer lo que es, a fin de que nadie se jacte en su presencia. Mas por él estáis vosotros en Cristo Jesús, el cual nos ha sido hecho por Dios sabiduría, justificación, santificación y redención; para que, como está escrito: El que se gloría, gloríese en el Señor".
>
> 1 Corintios 1:27–35

El otro lado

"Y se difundió [la fama de Jesús]
por toda Siria; y le trajeron todos
los que tenían dolencias, los
afligidos por diversas enfermedades
y tormentos, los endemoniados,
lunáticos y paralíticos; y los sanó".
Mateo 4:24

La nación de Israel, incluyendo los discípulos, estaba lista para una revolución. Roma los había conquistado e invadido —ocupado, maltratado, abusado—, y por lo tanto esperaban ansiosamente al Mesías prometido, Aquel que creían que los rescataría y restablecería en su tierra natal, la tierra dada a sus antepasados que ellos habrían de heredar. Porque *claro* que eso es lo que supusieron. Vieron sus circunstancias y no podían imaginarse a su Salvador haciendo menos. Pero mientras los seguidores de Jesús querían ponerle fin a su sufrimiento mediante la guerra, lo que recibieron fue el Sermón del Monte y una nueva forma de pensar, ser y responder.

"Amad a vuestros enemigos, [...] y orad
por los que os ultrajan y os persiguen;
para que seáis hijos [e hijas] de vuestro
Padre que está en los cielos, que hace
salir su sol sobre malos y buenos, y
que hace llover sobre justos e injustos.
Porque si amáis a los que os aman,

Para nerds bíblicos (como nosotros) que quieren saber

Dios llamó al antepasado Abraham a dejar su tierra natal para establecerse en una nueva, una tierra selecta para una nación selecta.

"Pero JEHOVÁ había dicho a Abram: Vete de tu tierra y de tu parentela, y de la casa de tu padre, a la tierra que te mostraré. Y haré de ti una nación grande, y te bendeciré, y engrandeceré tu nombre, y serás bendición. Bendeciré a los que te bendijeren, y a los que te maldijeren maldeciré; y serán benditas en ti todas las familias de la tierra" (Gn. 12:1–3).

Este pacto abrahámico era una promesa tripartita que indicaba la intención de Dios de establecer un pueblo selecto (Gn. 12:2; 13:16; 15:5; 17:1–4) en un lugar específico (Gn. 12:1, 7; 13:14–17; 15:7, 18–21; 17:8) con un propósito especial para el mundo entero (Gn. 12:3; 15:5; 17:5–7).

Y dado que la palabra para "mundo" era la misma que para "tierra", no es de sorprender que los discípulos supusieran que Jesús llegaría a expulsar a Roma y restablecer a Israel en ese territorio.

> ¿qué recompensa tendréis? ¿No hacen también lo mismo los publicanos? Y si saludáis a vuestros hermanos solamente, ¿qué hacéis de más? ¿No hacen también así los gentiles? Sed, pues, vosotros perfectos, como vuestro Padre que está en los cielos es perfecto".
>
> Mateo 5:44–48

Jesús pasó Su tiempo sanando y predicando sobre un reino futuro, no luchando y restableciendo el actual. Por cierto, nunca se involucró en discusiones sociales o políticas, aunque tanto Sus discípulos como Sus enemigos lo intentaron provocar. Plantearon cuestiones sobre impuestos y tetrarcas, tradiciones y cronologías porque (así como nosotros) les era difícil ver más allá del momento presente. Mas Jesús se enfocó en llamar a la gente a Sí Mismo, gente quebrantada, humilde y consciente de su necesidad de Él, porque Él vio más allá de quienes eran en ese momento a quienes se volverían mediante Su mano sanadora y re-creadora. Vio más allá de sus circunstancias al lugar que Él les prepararía.

> "Y si me fuere y os preparare lugar, vendré otra vez, y os tomaré a mí mismo, para que donde yo estoy, vosotros también estéis".
> Juan 14:3

Por cierto, los momentos vividos, el tiempo presente, por su misma naturaleza nos hacen miopes y egocéntricos porque no hay nada que *sintamos* más que tales momentos, incluidos (y especialmente) los que inducen ira, tristeza, temor, una actitud defensiva o decepción, todo lo cual nos tienta a desechar la mansedumbre. Pero el propósito de Jesús era mucho más grande que lo momentáneo. Sus prioridades para el reino eran y son eternas, y por esa misma razón reunió seguidores: porque cuando la creación sea finalmente restaurada y la eternidad en todo su esplendor comience, Jesús quiere tener tanta gente con Él como sea posible.

Por lo tanto, ¡bienaventurados los que ven más allá del momento presente, los que responden a Jesús y luego hablan como Él y aman como Él, porque serán parte de los que reúnen a otros al reino! No es de extrañar que Jesús mandó a Sus seguidores a ser mansos. Al igual que Él, persuadimos a otros a acompañarnos, atrayéndolos con la misma paciencia, bondad y misericordia que nos atrajo primero. Y un día próximo podremos disfrutar los frutos de esa labor mientras la generosidad de Dios hacia nosotros sea derramada sobre una tierra prometida tan asombrosa que nuestras mentes ni la pueden comprender.

Saber eso debería cambiarlo todo. Escogemos ser mansos, "nos negamos a nosotros mismos" como lo hizo nuestro Salvador (Mt. 16:24–25), *debido a la promesa*. Así como Santiago el Menor, nos hacemos menos al rendirnos ante Jesús como Señor desde el primer día y todos los días, sabiendo que nuestra herencia nos espera del otro lado del momento. Y debido a la fidelidad de Dios para llevarnos y capacitarnos para hacer lo que nos pide que hagamos, también prometió otras cosas:

Bienaventurados los mansos
porque serán cuidados.

"El impío toma prestado, y no paga; mas el justo tiene misericordia, y da. Porque los benditos de él heredarán la tierra...".

Salmos 37:21–22

"Oísteis que fue dicho: Ojo por ojo, y diente por diente. Pero yo os digo: No resistáis al que es malo; antes, a cualquiera que te hiera en la mejilla derecha, vuélvele también la otra; y al que quiera ponerte a pleito y quitarte la túnica, déjale también la capa; y a cualquiera que te obligue a llevar carga por una milla, ve con él dos. Al que te pida, dale; y al que quiera tomar de ti prestado, no se lo rehúses".

Mateo 5:38–42

"No os afanéis, pues, diciendo: ¿Qué comeremos, o qué beberemos, o qué vestiremos? Porque los gentiles buscan todas estas cosas; pero vuestro Padre celestial sabe que tenéis necesidad de todas estas cosas. Mas buscad primeramente el reino de Dios y su justicia, y todas estas cosas os serán añadidas".

Mateo 6:31–33

"Y cualquiera que haya dejado casas, o hermanos, o hermanas, o padre, o madre, o mujer, o hijos, o tierras, por mi nombre, recibirá cien veces más, y heredará la vida eterna. Pero muchos primeros serán postreros, y postreros, primeros".

Mateo 19:29–30

Bienaventurados los mansos porque serán enaltecidos.

"Mas tú, JEHOVÁ, eres escudo alrededor de mí; mi gloria, y el que levanta mi cabeza".

Salmos 3:3

"Y su misericordia es de generación en generación a los que le temen. Hizo proezas con su brazo; esparció a los soberbios en el pensamiento de sus corazones. Quitó de los tronos a los poderosos, y exaltó a los humildes".

Lucas 1:50–52

"Observando cómo escogían los primeros asientos a la mesa, refirió a los convidados una parábola, diciéndoles: Cuando fueres convidado por alguno a bodas, no te sientes en el primer lugar, no sea que otro más distinguido que tú esté convidado por él, y viniendo el que te convidó a ti y a él, te diga: Da lugar a éste; y entonces comiences con vergüenza a ocupar el último lugar. Mas cuando fueres convidado, ve y siéntate en el último lugar, para que cuando venga el que te convidó, te diga: Amigo, sube más arriba; entonces tendrás gloria delante de los que se sientan contigo a la mesa. Porque cualquiera que se enaltece, será humillado; y el que se humilla, será enaltecido".

Lucas 14:7–11

"...y todos, sumisos unos a otros, revestíos de humildad; porque: Dios resiste a los soberbios, y da gracia a los humildes".

1 Pedro 5:5

Bienaventurados los mansos porque Dios los defenderá.

"Y Moisés dijo al pueblo: No temáis; estad firmes, y ved la salvación que JEHOVÁ hará hoy con vosotros; [...] JEHOVÁ peleará por vosotros, y vosotros estaréis tranquilos".

Éxodo 14:13–14

"No digas: Yo me vengaré; espera a JEHOVÁ, y él te salvará".

Proverbios 20:22

"También les refirió Jesús una parábola sobre la necesidad de orar siempre, y no desmayar, diciendo: Había en una ciudad un juez, que ni temía a Dios, ni respetaba a hombre. Había también en aquella ciudad una viuda, la cual venía a él, diciendo: Hazme justicia de mi adversario. Y él no quiso por algún tiempo; pero después de esto dijo dentro de sí: Aunque ni temo a Dios, ni tengo respeto a hombre, sin embargo, porque esta viuda me es molesta, le haré justicia, no sea que viniendo de continuo, me agote la paciencia. Y dijo el Señor: Oíd lo que dijo el juez injusto. ¿Y acaso Dios no hará justicia a sus escogidos, que claman a él día y noche? ¿Se tardará en responderles? Os digo que pronto les hará justicia".

Lucas 18:1–8

"No paguéis a nadie mal por mal; procurad lo bueno delante de todos los hombres. Si es posible, en cuanto dependa de vosotros, estad en paz con todos los hombres. No os venguéis vosotros mismos, amados míos, sino dejad lugar a la ira de Dios; porque escrito está: Mía es la venganza, yo pagaré, dice el Señor. Así que, si tu enemigo tuviere hambre, dale de comer; si tuviere sed, dale de beber; pues haciendo esto, ascuas de fuego amontonarás sobre su cabeza. No seas vencido de lo malo, sino vence con el bien el mal".

Romanos 12:17–21

Bienaventurados los mansos porque serán como Jesús.

"Haya, pues, en vosotros este sentir que hubo también en Cristo Jesús, el cual, siendo en forma de Dios, no estimó el ser igual a Dios como cosa a que aferrarse, sino que se despojó a sí mismo, tomando forma de siervo, hecho semejante a los hombres; y estando en la condición de hombre, se humilló a sí mismo, haciéndose obediente hasta la muerte, y muerte de cruz. Por lo cual Dios también le exaltó hasta lo sumo, y le dio un nombre que es sobre todo nombre, para que en el nombre de Jesús se doble toda rodilla de los que están en los cielos, y en la tierra, y debajo de la tierra; y toda lengua confiese que Jesucristo es el Señor, para gloria de Dios Padre".

Filipenses 2:5–11

"Porque a los que antes conoció, también los predestinó para que fuesen hechos conformes a la imagen de su Hijo, para que él sea el primogénito entre muchos hermanos. Y a los que predestinó, a éstos también llamó; y a los que llamó, a éstos también justificó; y a los que justificó, a éstos también glorificó".

Romanos 8:29–30

"Pues para esto fuisteis llamados; porque también Cristo padeció por nosotros, dejándonos ejemplo, para que sigáis sus pisadas; el cual no hizo pecado, ni se halló engaño en su boca; quien cuando le maldecían, no respondía con maldición; cuando padecía, no amenazaba, sino encomendaba la causa al que juzga justamente...".

1 Pedro 2:21–23

Tu turno

5. A la luz de los versículos anteriores, describe el favor de Dios para los mansos.

6. Lee Gálatas 5:16–25. ¿De dónde proviene nuestra capacidad de elegir la mansedumbre y el autocontrol?

7. ¿De qué manera mirar más allá del momento presente a tu herencia futura, la victoria que ya es tuya en Jesús, cambia tu modo de ver y manejar el presente?

8. La manera más segura de mantener un espíritu de mansedumbre es recordar que a) necesitabas ser salvado, b) Dios te salvó, y c) a dónde vas por ello. Lee Efesios 2:5–7, y luego escribe brevemente tu propio testimonio, con especial énfasis en la misericordia de Dios y la promesa de tu herencia.

TOMÁS: No lo entiendo, honestamente. No entiendo por qué Dios permitió la ocupación romana. Voy a preguntarle a Él *(apunta hacia Jesús)* más sobre eso. ¿Por qué se permitió esto tanto tiempo? Es duro sentirse como el pueblo elegido.

SIMÓN: Igual aquí.

RAMAH: Pero todo valdrá la pena, ¿sí? La espera terminó.

(Tomás sonríe y asienta. Simón mira a Mateo, quien ha estado en silencio todo este tiempo).

SIMÓN: ¿Qué hay de ti?

MATEO: ¿Qué quieres decir?

SIMÓN: ¿Fue difícil para ti este tiempo? ¿La ocupación, seguir la ley judía...?

MATEO: Mi vida no fue fácil.

SIMÓN: ¿Ah, no lo fue? ¿Qué fue más duro para ti? ¿Escapar la persecución romana trabajando para ellos o evitar la culpa con todo tu dinero? Y ahora estudias la Torá y quieres seguir la Ley. ¿Por qué ahora, tan de pronto? ¿Por qué no todas las veces que tuviste la oportunidad?

JUAN: Simón.

SIMÓN: No, Juan, quiero saber. María tuvo un trauma horrible; no eligió todo lo que le sucedió. ¿Cuál es tu excusa?

MATEO: ¿Qué quieres que diga? No sé lo que quieres de mí.

ANDRÉS: Una disculpa.

MATEO: ¿Qué?

(María Madre y Santiago el Menor salen de los árboles y se detienen a observar).

ANDRÉS: Simón tiene razón. Podría ser más delicado, pero tú elegiste trabajar para ellos, e hiciste mi vida más difícil de lo que era antes, y no te disculpaste. *(Mateo abre la boca para hablar).*

SIMÓN: No, no, no lo digas. No quiero que te disculpes. No importa. ¿Qué haría escucharlo decir perdón? No lo disculparía igualmente.

JUAN: ¿Quién te dio a ti esa autoridad? ¿Quién eres tú para perdonar o no perdonar?

SIMÓN: ¿Qué? ¿Estás de su lado?

JUAN: ¡Claro que no! ¡Pero tienes tus propios problemas! ¿Y qué hay de disculparte por lo que casi nos hiciste con los romanos?

SIMÓN: No llegué a hacerlo. Trataba de salvar la vida de mi familia, y te amo, Juan, pero no es algo que te preocupa con Zeb y Salomé cuidando tu espalda. *(A Mateo)*: Tú me pusiste en una posición desesperada e hice cosas que NUNCA hubiera hecho y me arrepentí de ello. ¡Y Juan y Santiago, lo siento, pero no llegué a hacerlo!

TOMÁS *(hacia Mateo)*: ¿Cuál ES tu excusa? Yo era un empresario exitoso y aun así siempre estaba detrás.

JUAN: No era tu recolector de impuestos.

TOMÁS: ¡Deja de defenderlo, quiero una respuesta!

SANTIAGO EL MAYOR *(se levanta)*: Oye, eres nuevo.

SIMÓN: ¿Acaso siquiera sabes cómo es ser judío? ¿Sufrir por siglos y siglos por eso, pero igual comprometerse? ¿Proteger tu legado aunque nunca deja de ser duro porque el ÚNICO PLACER que hay es saber que lo hacemos JUNTOS? ¿Que todos sufrimos juntos, pero que si esperamos un poco más, si esperamos solo un poco más, tendremos rescate porque somos elegidos? ¡Y lo traicionaste! ¡Y lo escupiste! Y no puedo disculparlo. ¡Nunca lo disculparé!

SANTIAGO EL MAYOR: Muy bien, dijiste lo que necesitabas decir. Siéntate, Simón.

ANDRÉS *(se levanta para defender a su hermano)*: ¡Siéntate tú antes!

(Un ruido desde los árboles los detiene. Voltean a ver. Es Jesús. Se mueve lentamente, los hombros caídos, sin fuerza en los músculos. Tiene manchas de sangre de todas las personas que estuvo sanando. Su ropa arrugada está empapada de sudor, y cuelga de Él. Los pasa de lado).

JESÚS *(susurrando)*: Buenas noches.

(Jesús se detiene frente a Su tienda, apenas puede pararse. Sus manos tiemblan. María Madre se apresura hacia Él. Le ayuda a quitarse su manto).

JESÚS: Madre, gracias.

(Le quita las sandalias; le lava los pies, y luego las manos. Algunos discípulos lo miran, otros agachan la cabeza).

MARÍA MADRE: Tus manos tienen sangre *(limpia la frente de Jesús)*. Ya está.

JESÚS: ¿Bien?

MARÍA MADRE: Bien.

JESÚS *(le da un beso en la frente)*: No sé qué haría sin ti, *Ima*.

MARÍA MADRE: Duerme un poco.

JESÚS: Muy bien. Estoy cansado.

(Se acuesta sobre la cama. Mientras María arregla Sus cosas, se escucha débilmente el inicio de Su oración antes de dormir).

JESÚS (CONT.): "Bendito eres Tú, Señor, nuestro Dios, Rey del universo, quien da sueño a mis ojos. Da sueño a mis ojos. Dios de mis ancestros, Dios todopoderoso, Dios mío, gracias por todo. Gracias por todo".

(Los discípulos están en silencio, y CORTE A NEGRO).

Enfoque de la oración

Contempla los lugares o problemas en tu vida donde, así como algunos discípulos en el episodio 3, quisieras un poco de justicia por cómo te han hecho daño, o por lo menos que los demás reconozcan que te hicieron daño y se disculpen por lo que hicieron. Háblale al Señor acerca de tus sentimientos y sobre la gente involucrada. Agradécele por entender el dolor de esas circunstancias, y pídele sabiduría para saber qué hacer: si pasar por alto la

> Ser manso no significa tolerar o permanecer en una relación abusiva. Si estás siendo abusado, busca ayuda. No es la voluntad de Dios que seas abusado. Va de nuevo: manso no significa débil.

ofensa sin irritarte (Pr. 19:11; 1 Co. 13:4–7), si acercarte y enfrentarlo con amor y perdón (Mt. 18:15–22; Lc. 17:3–4), o si buscar el consejo y apoyo de consejeros cristianos de confianza (1 Pe. 5:1–5; Ga. 6:1–3). Pídele a Dios que te capacite por Su Espíritu Santo con la valentía y fortaleza para hacerlo todo con un espíritu de mansedumbre.

Propuesta de oración

Amado Señor:

Tú lo sabes todo, incluso cuando me siento frustrado, herido o desechado. Reconozco que no siempre he respondido con la mansedumbre adecuada. Perdóname por los momentos cuando solo he pensado en mí, en mi propio dolor, pena o vergüenza, y cuando tal vez quiera un nivel excesivo de justicia. Incluso de venganza.

Ayúdame a pensar con claridad, rectitud y sabiduría, Señor. Ayúdame a soltar los rencores y, cuando sea necesario, ofrecer el perdón con confrontación amorosa en vez de buscar la venganza. Me has dado tanto que agradecer, y confío en que tienes mucho más preparado para mí. Por todo esto, Te doy gracias.

Amén.

Simón el Zelote

El segundo de los apóstoles con el nombre de Simón se distingue de Simón Pedro no por su segundo nombre, sino por una nota sobre sus inclinaciones políticas (es decir, su afiliación con los zelotes [Lc. 6:15; Hc. 1:13]). Los zelotes eran parte de un movimiento anti-romano entre los judíos del primer siglo, así que Simón el Zelote resalta por su pasión en contra de la ocupación romana en tierra israelita. En algunas traducciones se le dice "Simón el cananista", pues el título de "cananista" resulta de una transliteración de la palabra aramea para "zelote".

Se sabe poco de este apóstol, y diferentes tradiciones sobre él a veces se confunden y se mezclan con historias sobre Santiago, el hermano de Jesús (lo cual también ocurrió entre Santiago y Judas, porque ellos también compartían nombres con hermanos de Jesús [Mt. 13:55; Mc. 6:3]). Los registros indican que Simón el Zelote ministró en Partia (la región de la antigua Persia y el actual Irán), parcialmente en conjunto con Judas Tadeo. Con su nuevo celo por Jesús, se cree que Simón el Zelote también llevó el mensaje del Evangelio a partes de África (Egipto y Mauritania), Lidia (una región de la actual Turquía), y posiblemente hasta Bretaña. Simón el Zelote, representado en diversas leyendas, fue martirizado en Partia al ser golpeado (con palos y piedras o con espadas y lanzas), crucificado, o aserrado por la mitad (72 d. C.). Curiosamente, de entre las leyendas de los apóstoles, Simón el Zelote y Tadeo fueron los únicos de los discípulos originales en morir juntos en cualquier historia.

Lección 4

LOS QUE TIENEN HAMBRE
y los que cesan

"Bienaventurados los que tienen hambre y sed de justicia, porque ellos serán saciados".

Mateo 5:6

EXT. ESTANQUE DE BETSAIDA (TARDE)

SIMÓN Z: No puedo creerlo. Estás peor que antes.

JESÉ: Mis piernas son las mismas que cuando te fuiste.

SIMÓN Z: No estoy hablando de tus piernas, sino de ti. Este lugar abandonado por Dios hizo que mi hermano no tenga esperanza.

JESÉ: ¿En qué debo tener esperanza luego de estos años? ¿En ti y en tu parte asesina?

SIMÓN Z: Jesé, fue muy duro para mí verte sufrir en la vida, y lo siento, lo siento mucho. Pero no es el único dolor que existe, y tú no eres el único que lo siente. ¿Pero sabes algo? Al menos yo hago algo por el mío, y no me siento en una cama esperando a morir.

JESÉ *(bajando la mirada)*: ¿Ya dijiste todo lo que querías?

SIMÓN Z: Debo ir a lo alto de la ciudad.

JESÉ: Oh, eso es cerca. Menos de dos kilómetros. Serían miles de kilómetros para mí. *(llorando)* Sea quien sea, no lo hagas. No vale la pena. ¡Si te atrapan, te matarán!

SIMÓN Z: No le temo a la muerte.

(El corazón de Jesé se rompe al oírlo).

SIMÓN Z (CONT.): Yo solo quería despedirme, porque no lo hice bien la primera vez. Te amo, Jesé. Y amo a Dios. Adiós, Jesé.

(Mientras Simón Z se da la vuelta, Jesé saca la carta que Simón le escribió hace años).

JESÉ: "...para cuando leas esto, estaré a medio camino de las montañas, para unirme a los zelotes de la Cuarta Filosofía en el espíritu del gran rey David quien cantó: 'El celo por Tu casa me ha consumido'".

SIMÓN Z: Mi nota. Escribía mejor en ese tiempo.

JESÉ: "Y de Sofonías: 'Mirad, en aquel tiempo me ocuparé de todos los opresores. Y salvaré al cojo y recogeré al marginado, y convertiré su vergüenza en alabanza y renombre en toda la tierra'. Jesé, cuando te pares en dos piernas, sabré que el Mesías ha llegado. Lucharé por la libertad de Sión con el fin de ver aquel día".

(Las palabras cuelgan en el aire. Simón Z se vuelve brevemente hacia su hermano).

SIMÓN Z: Mantengo lo que dije. Adiós, Jesé.

Estanques y cosas así

A veces buscamos las cosas correctas en los lugares equivocados. A veces buscamos las cosas equivocadas por las razones correctas. A veces buscamos las cosas equivocadas en los lugares equivocados porque anhelamos llenar el vacío en nuestros corazones, restaurar lo que alguna vez estuvo bien a pesar de nuestra total incapacidad para hacerlo. Y a veces, por la gracia de Dios, buscamos lo correcto en el lugar correcto.

Y entonces lo encontramos.

Pero no nos adelantemos. Vivimos en un mundo profundamente insatisfactorio, lo que es de extrañar porque tenemos más opciones, lujos y comodidades que en cualquier otra época de la historia. Tales avances y progresos (como la electricidad, la refrigeración, la plomería, los autos, los aviones, etc.) deberían haber asegurado nuestra satisfacción. Pero ocurre lo opuesto, y en general la humanidad se siente inquieta e insatisfecha.

¿Por qué? Bueno, para empezar, las redes sociales. Todos los días tenemos acceso a plataformas que se actualizan constantemente con lo mejor de todos: fotos de vacaciones, comida hermosa, días de buenos peinados, familias bien educadas, videos que aparentan que absolutamente todos saben bailar. Pero en la realidad en que vivimos nada es perfecto y la felicidad es fugaz. Quizás obtengamos el trabajo, la casa, el auto, la relación o el reconocimiento que anhelamos, pero cada cosa nueva trae consigo su propia serie de problemas. Y resulta que tener más opciones a elegir, junto con el acceso para ver las elecciones de otras personas, aumenta la insatisfacción, no la disminuye, porque siempre hay más por hacer, ver, ser, tener y experimentar.

La verdad es que nada fuera de Dios realmente satisface—ni real, ni permanente, ni completamente— porque Él nos creó para *solo* estar satisfechos en Él.

¡Qué inteligente!

Tu turno

1. ¿Cuáles son algunas de las cosas que supusiste que te traerían alegría y satisfacción? ¿Lo hicieron? ¿Por qué sí, o por qué no?

¿Qué hay en un nombre?

"Entonces llamando [Jesús] a sus doce discípulos, les dio autoridad sobre los espíritus inmundos, para que los echasen fuera, y para sanar toda enfermedad y toda dolencia. Los nombres de los doce apóstoles son estos: primero Simón, llamado Pedro, y Andrés su hermano; Jacobo hijo de Zebedeo, y Juan su hermano; Felipe, Bartolomé, Tomás, Mateo el publicano, Jacobo hijo de Alfeo, Lebeo, por sobrenombre Tadeo, Simón el cananista, y Judas Iscariote, el que también le entregó".

Mateo 10:1–5

Los zelotes eran una secta ferozmente militante del judaísmo, cuyos miembros llevaron a cabo asesinatos tanto de líderes romanos *como* de líderes judíos que creían que 1) colaboraban con la ocupación romana de la tierra o 2) aceptaban las demandas romanas con demasiada facilidad. Simón Z estaba recién salido del grupo, del escuadrón de la muerte, por lo que su nombre se volvió la frase: "Simón el Zelote".

¿A ti te gustaría que te recordaran a lo largo de la historia por la persona que eras justo *antes* de conocer a Jesús? ¡Claro que no! Y los demás discípulos tampoco, porque sonaría algo así: María la endemoniada de Magdala, Mateo el recaudador traidor, Natanael el grosero medio racista, Simón Pedro el emocionalmente inestable... Ya entendiste el punto. No, en general no conmemoramos nuestros "antes", porque esa parte de la historia suele desaparecer por el perdón, la redención y la gracia de Dios. Es intencionalmente olvidado por Dios. Y luego, a medida que seguimos a Jesús, nos volvemos más como Él y menos como el *antes* que éramos.

"Yo, yo soy el que borro tus rebeliones por amor de mí mismo, y no me acordaré de tus pecados".
Isaías 43:25

"No ha hecho con nosotros conforme a nuestras iniquidades, ni nos ha pagado conforme a nuestros pecados. Porque como la altura de los cielos sobre la tierra, engrandeció su misericordia sobre los que le temen. Cuanto está lejos el oriente del occidente, hizo alejar de nosotros nuestras rebeliones".
Salmos 103:10–12

Pero el antes de Simón Z tiene un propósito interesante, porque en general los zelotes en verdad anhelaban algunas cosas correctas. Querían ver a Israel restaurado y al Mesías, el Escogido de Dios, sobre Su trono gobernando con justicia para todos. Querían intimidad con Dios. Eran celosos por Él, por la libertad y por que las cosas volvieran a ser tal y como fueron creadas; todas estas cosas eran buenas. Desafortunadamente, los zelotes también estaban empapados de pecado, confundidos y sencillamente equivocados en su interpretación de las Escrituras; y ninguna de esas cosas eran buenas.

Aun así, bienaventurados los que tienen hambre y sed de justicia. Bienaventurados los que buscan. Bienaventurados los que anhelan que se restaure el lugar apropiado de Dios en los corazones de los hombres y las mujeres. Y bienaventurado Simón el Zelote, quien buscaba algo correcto en un lugar equivocado, pero por misericordia fue elegido y *corregido* por el único que podía hacerlo.

Justicia:
actitud recta ante los ojos de Dios.

"Pedid, y se os dará; buscad, y hallaréis; llamad, y se os abrirá. Porque todo aquel que pide, recibe; y el que busca, halla; y al que llama, se le abrirá".
Mateo 7:7–8

Tu turno

2. ¿Qué significa tener hambre y sed de justicia?

3. Imagínate los primeros días de Simón Z con Jesús: un joven valiente, temerario, apasionado y enojado pasando horas y horas con el Mesías prometido que había estado esperando. Pero, en lugar de

"Y respondiendo el Rey, les dirá: De cierto os digo que en cuanto lo hicisteis a uno de estos mis hermanos más pequeños, a mí lo hicisteis".
Mateo 25:40

Para nerds bíblicos (como nosotros) que quieren saber

Varias partes de las Escrituras usan la imagen del hambre y la sed para describir el deseo por las cosas de Dios:

"Como el ciervo brama por las corrientes de las aguas, así clama por ti, oh Dios, el alma mía. Mi alma tiene sed de Dios, del Dios vivo..." (Sal. 42:1–2); "Dios, Dios mío eres tú; de madrugada te buscaré; mi alma tiene sed de ti, mi carne te anhela, en tierra seca y árida donde no hay aguas..." (Sal. 63:1); "He aquí vienen días, dice JEHOVÁ el Señor, en los cuales enviaré hambre a la tierra, no hambre de pan, ni sed de agua, sino de oír la palabra de JEHOVÁ" (Amós 8:11).

satisfacer su sed de vengarse contra los romanos o su anhelo de ver a Israel restablecido como una nación libre y autónoma en la Tierra Prometida, Jesús reclutó a Simón para escuchar, aprender y servir a los más pequeños.

Nada más. Imagínate.

4. Lee los siguientes versículos y subraya las formas en que podemos buscar la justicia. Presta especial atención a lo que dicen sobre nuestro comportamiento hacia los demás (lo que, por cierto, incluye nuestro comportamiento en las redes sociales).

> "Huye también de las pasiones juveniles, y sigue la justicia, la fe, el amor y la paz, con los que de corazón limpio invocan al Señor. Pero desecha las cuestiones necias e insensatas, sabiendo que engendran contiendas. Porque el siervo del Señor no debe ser contencioso, sino amable para con todos, apto para enseñar, sufrido; que con mansedumbre corrija a los que se oponen, por si quizá Dios les conceda que se arrepientan para conocer la verdad, y escapen del lazo del diablo, en que están cautivos a voluntad de él".
> 2 Timoteo 2:22–26

Ahora entra Jesús

> "Y hay en Jerusalén, cerca de la puerta de las ovejas, un estanque, llamado en hebreo Betesda, el cual tiene cinco pórticos. En éstos yacía una multitud de enfermos, ciegos, cojos y paralíticos, [...] Y había allí un hombre que hacía treinta y ocho años que estaba enfermo. Cuando Jesús lo vio acostado, y supo que llevaba ya mucho tiempo así, le dijo: **¿Quieres ser sano?** Señor, le respondió el enfermo, no tengo quien me meta en el estanque cuando se agita el agua; y entre tanto que yo voy, otro desciende antes que yo. Jesús le dijo: Levántate, toma tu lecho, y anda. Y al instante aquel hombre fue sanado, y tomó su lecho, y anduvo...".
> Juan 5:2–9

Mientras que los zelotes luchaban, Simón Z observaba, porque Jesús estaba liberando a sus conciudadanos como él nunca podría haber imaginado. Sí, los cojos anduvieron y los ciegos vieron, pero Jesús también estaba trayendo una forma de paz totalmente nueva: una sanidad espiritual que sobrepasaba incluso la hostilidad de la ocupación romana. Al igual que el hombre en el estanque en Betesda, Simón había estado buscando lo correcto en el lugar equivocado, pero eso no impidió que Jesús entrara.

"¿Quieres ser sano?".

Qué pregunta tan extraña, porque por supuesto que sí quería. Todas las personas con dolencias físicas en ese lugar querían ser sanadas; para eso estaban ahí. Pero al parecer nadie se fijó en el que *realmente* los podía sanar. Jesús caminó entre ellos, los enfermos y dolidos, los sordos, los ciegos y los cojos, mientras ponían su tiempo, energía y esperanza en el agua. Esto nos debería sonar familiar, porque hacemos lo mismo. Los humanos nos enfocamos en las cosas que pensamos que nos harán felices, las cosas que hemos decidido que necesitamos en esta vida, mientras que Jesús nos ofrece libremente la satisfacción y paz que nuestros corazones desean.

Simón tenía hambre de cosas buenas: de justicia personal y de que el pueblo de Dios fuera restaurado en su propia tierra con el Mesías por Rey. Pero luego conoció a Jesús, quien era la respuesta a todas esas cosas. Así Simón el Zelote se volvió Simón el Satisfecho, pues sus deseos y anhelos fueron reordenados y transformados por Aquel a quien seguía. El resultado fue una satisfacción apaciguadora que no se encuentra en ningún otro lugar de la tierra.

Ni en un partido político.

Ni en el dinero.

Ni en las relaciones.

Ni en los logros, elogios, o los "likes" de Instagram.

Ni en la salud o en una vida larga.

Solo en Jesús.

Saber eso debería cambiarlo todo. Claro, la justicia suprema —la clase en la que el bien siempre triunfa sobre el mal— eventualmente se encontrará en el reino consumado de Dios, que Él traerá en Su tiempo y a Su modo, eso es, con la segunda venida de Jesús. (#ComeQuicklyLord... ¡porque las cosas acá son un desastre!). Por lo pronto, bienaventurados los que tienen hambre y sed de Dios y Su justicia **porque ellos serán saciados** en el aquí y ahora, y en el tarde o temprano:

Consumado: completo, hecho perfecto.

"Porque el Señor mismo con voz de mando, con voz de arcángel, y con trompeta de Dios, descenderá del cielo; y los muertos en Cristo resucitarán primero. Luego nosotros los que vivimos, los que hayamos quedado, seremos arrebatados juntamente con ellos en las nubes para recibir al Señor en el aire, y así estaremos siempre con el Señor". 1 Tesalonicenses 4:16–17

Satisfacción en Jesús
=
No más búsquedas

"Y aquel Verbo fue hecho carne, y habitó entre nosotros (**y vimos su gloria**, gloria como del unigénito del Padre), lleno de gracia y de verdad".
Juan 1:14

Para nerds bíblicos (como nosotros) que quieren saber

"El Verbo" = Jesucristo

Tanto Génesis como Salmos nos dicen que Dios creó el mundo por Su palabra (Gn. 1; Sal. 33).

Luego Juan escribió su Evangelio en griego, lengua que usa la palabra "verbo" ("logos") para describir la razón divina y aquello que da forma y sentido al mundo; el principio organizador eterno de la misma existencia.

Así que tiene sentido que Juan fusionara estas dos ideas para usar el vibrante término "Verbo" para Cristo, quien siempre ha existido y estuvo presente en la creación del mundo.

"Jesús les dijo: Yo soy el pan de vida; el que a mí viene, nunca tendrá hambre; y el que en mí cree, no tendrá sed jamás".

Juan 6:35

"Jesús le dijo: Yo soy el camino, y la verdad, y la vida; nadie viene al Padre, sino por mí".

Juan 14:6

"Y en ningún otro hay salvación; porque no hay otro nombre bajo el cielo, dado a los hombres, en que podamos ser salvos".

Hechos 4:12

Satisfacción en Jesús

=

No más anhelar cosas que desaparecen, desvanecen, se pudren y se oxidan

"Alzad a los cielos vuestros ojos, y mirad abajo a la tierra; porque los cielos serán deshechos como humo, y la tierra se envejecerá como ropa de vestir, y de la misma manera perecerán sus moradores; pero mi salvación será para siempre, mi justicia no perecerá".

Isaías 51:6

Perecer: decaer, desvanecer, fallar.

"Respondió Jesús y le dijo: Cualquiera que bebiere de esta agua, volverá a tener sed; mas el que bebiere del agua que yo le daré no tendrá sed jamás; sino que el agua que yo le daré será en él una fuente de agua que salte para vida eterna".

Juan 4:13–14

"No os hagáis tesoros en la tierra, donde la polilla y el orín corrompen, y donde ladrones minan y hurtan; sino haceos tesoros en el cielo, donde ni la polilla ni el orín corrompen, y donde ladrones no minan ni hurtan. Porque donde esté vuestro tesoro, allí estará también vuestro corazón".

Mateo 6:19–21

"El cielo y la tierra pasarán, pero mis palabras no pasarán".

Marcos 13:31

Satisfacción en Jesús

=

Renovación continua

"JEHOVÁ te pastoreará siempre, y en las sequías saciará tu alma, y dará vigor a tus huesos; y serás como huerto de riego, y como manantial de aguas, cuyas aguas nunca faltan".

Isaías 58:11

"Y os restituiré los años que comió la oruga, el saltón, el revoltón y la langosta, mi gran ejército que envié contra vosotros. Comeréis hasta saciaros, y alabaréis el nombre de JEHOVÁ vuestro Dios, el cual hizo maravillas con vosotros; y nunca jamás será mi pueblo avergonzado".

Joel 2:25–26

"Venid a mí todos los que estáis trabajados y cargados, y yo os haré descansar. Llevad mi yugo sobre vosotros, y aprended de mí, que soy manso y humilde de corazón; y hallaréis descanso para vuestras almas; porque mi yugo es fácil, y ligera mi carga".

Mateo 11:28–30

"De modo que si alguno está en Cristo, nueva criatura es; las cosas viejas pasaron; he aquí todas son hechas nuevas".

2 Corintios 5:17

Satisfacción en Jesús
=
Esperanza y gozo a pesar del caos

"Me mostrarás la senda de la vida; en tu presencia hay plenitud de gozo; delicias a tu diestra para siempre".

Salmos 16:11

"La paz os dejo, mi paz os doy; yo no os la doy como el mundo la da. No se turbe vuestro corazón, ni tenga miedo".

Juan 14:27

"Y el Dios de esperanza os llene de todo gozo y paz en el creer, para que **abundéis en esperanza** por el poder del Espíritu Santo".

Romanos 15:13

Tu turno

5. A la luz de los versículos anteriores, describe el favor de Dios hacia quienes tienen hambre y sed de justicia.

6. Lee 2 Pedro 3:11–13, y luego responde la pregunta que plantea:

"¿Qué tipo de persona deberías ser?" (Pista: la respuesta está en el versículo 13).

7. ¿La frase "esperando y apresurándoos para la venida del día de Dios" de qué manera cambiaría cómo ves y respondes ante tu cultura, tus circunstancias y tus esperanzas y sueños terrenales, realizados o no?

8. Incluso después de venir a Jesús, podemos obstaculizar Su favor en nuestras vidas. ¿De qué manera estás resistiendo la paz de Dios y la satisfacción de tu alma? Quizás una mejor pregunta sería:

¿Quieres ser sano?

EXT. ESTANQUE DE BETESDA

(El área está muy tranquila para ser sábado. Jesús y otros tres se acercan al estanque de arenisca).

SIMÓN: ¿Tanto alboroto por esto? ¿Una *mikveh* gigante?

JUAN: Creo que no vimos todo aún.

(Mientras bajan las escaleras, se percibe un ambiente inquietante. Cuerpos quebrantados, cojos, deformados. Gente en las últimas etapas de enfermedades terminales. Leprosos, ay, los leprosos. Muchos incapaces de moverse solos. Mateo se tapa la nariz. Jesús contempla el lugar. No se sorprende por el panorama, pero aún así se conmueve. Entre el grupo de sufrientes indefensos, desesperanzados, en su mayoría inmóviles, Jesús ve a Jesé).

JESÚS: Es él.

SIMÓN: ¿Quién?

JESÚS: Él. El que estuvo aquí más tiempo, pero no es de aquí. El que está triste.

SIMÓN: ¿Por qué creo que esto no es solo una reunión? ¿Debemos estar alerta?

JESÚS: No. Solo quédense conmigo y observen.

(Se acerca a Jesé).

JESÚS (CONT.): Shalom.

JESÉ *(al ver a Jesús parado sobre él)*: ¿A mí?

(Juan y Mateo se miran y sonríen).

JESÚS: Sí.

JESÉ: Shalom.

JESÚS: Quiero preguntarte una cosa.

(El cojo lo mira, intrigado).

JESÉ: ¿Para mí? *(Jesús lo mira).* No tengo muchas respuestas, pero escucho.

JESÚS: ¿Te gustaría ser sanado?

JESÉ *(confundido)*: ¿Quién eres?

JESÚS: Hablaremos de eso después. Pero aún no me respondes.

JESÉ *(con esperanza)*: ¿Me llevarás al agua?

(Jesús niega con la cabeza).

JESÉ (CONT.): Mira, tuve un día muy malo.

JESÚS: Hace mucho tiempo que tienes un mal día. ¿Entonces?

JESÉ: Señor, no tengo a nadie que me lleve al agua cuando se agita, y al acercarme, otros se meten por delante de mí. Así que...

JESÚS *(se arrodilla; están cara a cara)*: Ahora mírame. Mírame. No es lo que te pregunté. No te pregunto quién te ayuda, o quién no te ayuda, o quién se interpone en tu camino. Te pregunto por ti.

JESÉ *(comienza a lloriquear)*: Lo intenté.

JESÚS: Por mucho tiempo, lo sé. Y no quieres falsas esperanzas, lo entiendo. Pero este estanque no tiene nada para ti. No significa nada, y lo sabes. Pero sigues aquí. ¿Por qué?

JESÉ *(susurra)*: No lo sé.

JESÚS: No necesitas esto. Solo me necesitas a Mí. Así que ¿tú quieres ser sanado?

(Jesé lo mira a los ojos; las lágrimas aumentan. No necesita decir que sí).

JESÚS: Entonces vamos. Levántate, recoge tu litera, y camina.

Enfoque de la oración

Habla con Dios sobre las cosas por las que sientes hambre y sed. Pídele al Señor que te perdone por las veces que has buscado cosas buenas o correctas en formas o lugares equivocados. Agradécele por proveer para todas tus necesidades y ofrecerte una vida con propósito siguiéndolo a Él. Pídele que te capacite por medio de Su Espíritu Santo para tener tan profunda hambre y sed de justicia que las buscarías de las maneras correctas y en los lugares correctos, y que finalmente llegues a buscarlo solo a Él.

Propuesta de oración

Amado Señor:

Encuentro dentro de mí un fuerte deseo de hacer una diferencia en el mundo. Aunque sea un impacto pequeño, quiero que mi vida tenga importancia y que influya en los demás para bien. Admito que a veces mis deseos competitivos se interponen en el camino. Por favor, perdóname. Estoy agradecido por Tu convicción y liderazgo para seguir acercándome hacia Ti y las cosas que Te importan. Que Tu Espíritu Santo obre en mí, para desear las cosas correctas, para que pueda encontrar satisfacción, propósito, descanso y esperanza en Ti.

Amén.

Líderes religiosos del primer siglo en el judaísmo

El *templo* era el centro de adoración oficial del judaísmo donde los sacerdotes realizaban sacrificios y las ceremonias para el Israel del AT. Era el territorio de los levitas y del sacerdocio. Los *levitas*, descendientes de la tribu de Leví, tenían varias funciones como asistentes del sacerdocio. Los *sacerdotes* también eran levitas, pero ellos eran descendientes directos de Aarón (hermano de Moisés), el primer sumo sacerdote de Israel (Ex. 28).

Mientras que el templo en Jerusalén era el territorio del sacerdocio, las *sinagogas* locales servían para que la gente común estudiara las Escrituras y orara sin hacer el largo viaje hasta el templo de Jerusalén. Ya que el liderazgo levita estaba involucrado en el sistema oficial del templo, el liderazgo de las sinagogas locales solía recaer sobre gente común: los saduceos y fariseos.

El partido *saduceo* del primer siglo (de origen desconocido), solía resistirse menos al dominio romano. Conformes con su estatus, este grupo sostuvo que el Pentateuco (los cinco libros escritos por Moisés) eran las Escrituras con más autoridad, y no esperaban a un Mesías que rescatara a los judíos. Los saduceos no creían en la vida después de la muerte, en la resurrección ni en los seres espirituales (Mt. 22:23; Mc. 12:18; Lc. 20:27; Hch. 23:8).

A los lectores del NT quizás les sorprenda saber que los *fariseos* solían ser gente de buenas intenciones, interesadas en aplicar las Escrituras en su vida diaria. Los fariseos eran creyentes de las Escrituras muy respetados que se aferraban a la totalidad de las Escrituras hebreas como la Palabra de Dios y deseaban llevar una vida de pureza al observar la Ley adecuadamente. Ellos sí creían en la vida después de la muerte, la resurrección física y los seres espirituales (Hch. 23:8). Es importante notar que la queja de Jesús contra los fariseos no era tanto por su meta de vivir en santidad, sino por su modo hipócrita de favorecer sus propias tradiciones orales (reglas humanas) por encima de las intenciones reales de la Ley escrita (Mt. 15:1–20; 23:1–36; Mc. 7:1–23; Lc. 11:37–54).

Roma entendía la importancia de la fe para los judíos, por lo que les permitieron algo de soberanía cultural mediante el *Sanedrín*, el máximo concilio judío. En la época del Nuevo Testamento, el Sanedrín constaba de setenta y un líderes y sacerdotes, donde el sumo sacerdote judío era el líder supremo. Dentro de los límites permitidos por Roma, ejercían una amplia supervisión sobre los asuntos legales y religiosos judíos. Si bien los miembros del Sanedrín podían ser saduceos o fariseos, en aquella época los saduceos dominaban el concilio (Hch. 4:1–22; 5:17–27). Claro, como con cualquier institución humana (incluyendo las religiosas), el Sanedrín fue sujeto a influencias pecaminosas y motivaciones corruptas.

Vale, eso es todo. Probablemente fue más información sobre los líderes religiosos en el judaísmo del primer siglo de lo que jamás quisiste saber.

Lección 5

LOS MISERICORDIOSOS
y su mandato

"Bienaventurados los misericordiosos, porque ellos alcanzarán misericordia".

Mateo 5:7

INT. TEMPLO DE JERUSALÉN (CÁMARA DE LOS ACEITES)

(En la cámara de los aceites dentro de los patios del templo, Yanni y Shmuel interrogan al recién sanado Jesé. Como si repitiera la pregunta...).

YANNI: ¿Él te dijo Su nombre?

JESÉ: Jesús.

YANNI: ¿Jesús qué? ¿De dónde?

SHMUEL: ¿Linaje? ¿Origen?

JESÉ *(con sarcasmo)*: ¿Su comida favorita? Me dijo su nombre. Es todo.

YANNI: Había un millón de judíos en la fiesta, miles llamados Jesús.

SHMUEL: Jesé, deja de caminar.

JESÉ: Con todo respeto, Rabí, no caminé por treinta y ocho años.

YANNI: Dinos exactamente qué dijo. *(Por la mirada de Jesé:)* ¡Otra vez!

JESÉ: Me dijo que me fuera, que no pecara más, que el efecto del pecado es mucho peor que estar lisiado.

YANNI: ¡Y que llevaras tu cama!

JESÉ *(después de un momento)*: Cuando me sanó, sí. Pero nos vimos hoy también.

SHMUEL: ¿Había alguien con Él?

JESÉ *(intentando recordar)*: Eh... Tres hombres. Uno tomaba notas. Creo que otro me dijo algo mientras Jesús se iba. Apenas pude oírlo. ¡Mis PIERNAS!

(Jesé se distrae, perdido en las memorias y el ensueño).

SHMUEL: ¿Jesé?

JESÉ *(regresa al presente)*: El otro dijo algo. Y para cuando dejaste de gritarme todos se habían ido.

SHMUEL: Piensa. ¿Qué más fue los que te dijo hoy?

(Jesé intenta recordar. Entonces, incierto...).

JESÉ: Iban a ver... ¿al primo de Jesús? Creo.

(Shmuel se vuelve a Yanni con urgencia).

SHMUEL: Era Él. Era Jesús de Nazaret.

Religiosidad

budistas

hindúes

católico

muchos otros

musulmanes

Las túnicas elegantes y las cubiertas para la cabeza definitivamente distinguen a los líderes religiosos. El Papa quizás sea el más identificable, pero también existen los imames, los lamas, los pujaris y los sacerdotes. Cuando se visten para el trabajo, los puedes identificar desde lejos porque portan sus ideas sobre la vida en el cuerpo. Mejor dicho, en su ropa.

Es menos obvia la gente piadosa en ropa de calle. Aunque muchos sostienen sus creencias con sinceridad, como el personaje ficticio Shmuel, son una minoría. Ellos se concentran demasiado en los comportamientos externos —reglas, normas y rituales— mientras descuidan lo interior. Pero la religión alejada de Jesús suele endurecer nuestros corazones y calcinar nuestros pecados ocultos como el orgullo, el egocentrismo, el prejuicio y la falta de perdón, por mencionar solo algunos. Sin mencionar el daño que dicha religiosidad hace a las mismas personas que Jesús vino a salvar, pero hablaremos más sobre ellas en un momento.

Religión = el esfuerzo humano por alcanzar a Dios.

Relación con Jesús = el esfuerzo de Dios por alcanzar a los humanos.

La verdad es que no necesitas una túnica negra para ser un Shmuel. Por naturaleza, juzgamos a los demás con dureza, nos aferramos a los agravios, y a veces hasta dejamos de asociarnos con personas que consideramos indignas de nuestro tiempo o atención, a menudo por motivos religiosos. Lo que es totalmente irónico para los cristianos, porque nuestra necesidad desesperada de la misericordia de Dios nos llevó hacia Él en primer lugar.

Tu turno

1. ¿De qué manera eres un Shmuel?

Memoria selectiva

"¡Ay de vosotros, escribas y fariseos, hipócritas! Porque diezmáis la menta y el eneldo y el comino, y dejáis lo más importante de la ley: la justicia, la misericordia y la fe. Esto era necesario hacer, sin dejar de hacer aquello".

Mateo 23:23

La quinta bienaventuranza del SdM marca un ligero cambio de dirección. Las primeras cuatro dichas declaradas se enfocan en la transformación personal que resulta de la obra y favor de Dios en nuestras vidas. Las últimas cuatro se enfocan en nuestra interacción con otros como resultado de la obra y favor de Dios en nuestras vidas, comenzando

A menos que pienses que Mateo 23:23 no aplica para ti…

Hipocresía:
afirmar tener estándares morales o creencias que no siempre se demuestran en el comportamiento propio.

Esto significa que cada ser humano en la historia de los seres humanos ha sido hipócrita en algún momento.

Diezmo:
el diez por ciento de los productos o ganancias de una persona.

Propiciación:
apaciguar a Dios; expiar.

Expiar:
hacer las paces.

Paces:
es broma; ahí lo dejamos y si no te sabes algo, búscalo en Internet.

por ser misericordiosos. Sorprendentemente, este adjetivo en específico aparece solo una vez más en el texto griego del NT en Hebreos 2:17 para dar una descripción de Jesús: "Por lo cual debía ser en todo semejante a sus hermanos, para venir a ser misericordioso y fiel sumo sacerdote en lo que a Dios se refiere, para expiar los pecados del pueblo". Como el pueblo escogido de Dios **y como resultado de Su favor hacia nosotros**, nos volvemos más como Jesús mientras lo seguimos. Esto significa que por Su misericordia, nos está haciendo misericordiosos.

"¿O cómo dirás a tu hermano: Déjame sacar la paja de tu ojo, y he aquí la VIGA en el ojo tuyo?". Mateo 7:4

Dicho esto, había una grande y triste diferencia entre cómo Jesús trató a la gente y cómo muchos de los líderes religiosos de Su época trataban a la gente. Una y otra vez, priorizaron las acciones religiosas públicas (orar, diezmar, sacrificar) por encima de las *inter*acciones personales y privadas con Dios y con otros creyentes. Les importaba más el ser vistos, honrados y reconocidos (Mt. 23:1–12) que cuidar los asuntos del corazón, especialmente el propio. Eran más propensos a castigar a quienes rompían las reglas que ser misericordiosos con quienes se arrepentían. Por cierto, las reglas de Dios fueron dadas por amor. Se diseñaron para nuestro bien, para servir como pautas para protegernos, guiarnos y mantenernos cerca de Él y de los demás. Pero en manos de hombres pecadores, las leyes de Dios se convierten en garrotes de poder que elevan a algunos y avergüenzan a otros, para empuñar *el camino* de Dios como un martillo.

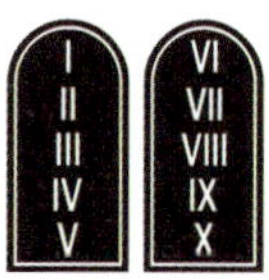

Reglas de Dios = los Diez Mandamientos

"Como está escrito: No hay justo, ni aun uno...". Romanos 3:10

Ese tipo de religión no atrae a la gente. La ahuyenta.

Para nerds bíblicos (como nosotros) que quieren saber

El sustantivo *misericordia* es frecuente en el Nuevo Testamento (aparece 27 veces), y en el Evangelio de Mateo Jesús expresa lo mucho que Dios estima la misericordia y Su plan para transmitir misericordia a la humanidad: "Id, pues, y aprended lo que significa: Misericordia quiero, y no sacrificio. Porque no he venido a llamar a justos, sino a pecadores, al arrepentimiento" (Mt. 9:13, citando Os. 6:6).

"Y si supieseis qué significa: Misericordia quiero, y no sacrificio, no condenaríais a los inocentes..." (Mt. 12:7, citando Os. 6:6).

Irónicamente, mostrar misericordia es un indicador externo de una relación correcta con Dios, porque "de la abundancia del corazón habla la boca" (Lc. 6:45). Al igual que para Shmuel, nuestros anhelos y prioridades se pueden distorsionar, especialmente cuando nos olvidamos cuánto hemos sido perdonados. Juzgamos a otros rápida, ignorante y duramente. Lanzamos nuestras palabras descuidadamente, o retenemos la amabilidad. Fingimos ser buenos cuando la verdad es que no lo somos, y buscamos gloriarnos en vez de testificar de la misericordia de Dios y los cambios que ha hecho en nuestras vidas. Pero cuando tomamos un momento para recordar Su gran misericordia hacia nosotros **y nos mantenemos en una posición correcta de humildad**, comenzamos a interactuar con la gente de una manera totalmente nueva.

Después de todo, como dice el refrán: "El suelo está nivelado al pie de la cruz".

Tu turno

2. ¿Cuáles son algunas de las maneras en que Dios te ha mostrado misericordia?

3. ¿Cuándo es más frecuente que no muestres misericordia, y por qué? Sé valiente, siendo honesto y específico.

4. Lee Mateo 5:43–48 y Lucas 6:32–36. Según estos versículos, ¿a quién se supone que debes mostrar misericordia? Y, más importante, ¿cuál es tu excusa para no mostrar misericordia?

Sumo sacerdote

"Por lo cual el reino de los cielos es semejante a un rey que quiso hacer cuentas con sus siervos. Y comenzando a hacer cuentas, le fue presentado uno que le debía diez mil talentos. A éste, como no pudo pagar, ordenó su señor venderle, y a su mujer e hijos, y todo lo que tenía, para que se le pagase la deuda. Entonces aquel siervo, postrado, le suplicaba, diciendo: Señor, ten paciencia conmigo, y yo te lo pagaré todo. **El señor de aquel siervo, movido a misericordia, le soltó y le perdonó la deuda.** Pero saliendo aquel siervo, halló a uno de sus consiervos, que le debía cien denarios; y asiendo de él, le ahogaba, diciendo: Págame lo que me debes. Entonces su consiervo, postrándose a sus pies, le rogaba diciendo: Ten paciencia conmigo, y yo te lo pagaré todo. Mas él no quiso, sino fue y le echó en la cárcel, hasta que pagase la deuda. Viendo sus consiervos lo que pasaba, se entristecieron mucho, y fueron y refirieron a su señor todo lo que había pasado. Entonces, llamándole su señor, le dijo: Siervo malvado, toda aquella deuda te perdoné, porque me rogaste. ¿No debías tú también tener misericordia de tu consiervo, como yo tuve misericordia de ti? Entonces su señor, enojado, le entregó a los verdugos, hasta que pagase todo lo que le debía. Así también mi Padre celestial hará con vosotros si no perdonáis de todo corazón cada uno a su hermano sus ofensas".

Mateo 18:23–35

"No os engañéis; Dios no puede ser burlado: pues todo lo que el hombre sembrare, eso también segará. Porque el que siembra para su carne, de la carne segará corrupción; mas el que siembra para el Espíritu, del Espíritu segará vida eterna".
Gálatas 6:7–8

¡Ufff! En un estudio bíblico sobre cómo el favor de Dios se derrama presente, generosa y eternamente sobre Su pueblo escogido, Mateo 18:35 pega duro, y eso es bueno, para que no olvidemos con quién estamos lidiando. Porque si bien es verdad que Dios es misericordioso con nosotros, que perdona a los que se arrepienten, que nos lleva adelante y que Su amor se extiende más allá de lo que nuestras mentes pueden comprender, también es verdad que no se debe jugar con Su misericordia.

Bienaventurados los misericordiosos, porque ellos alcanzarán misericordia; eso es verdad, ¡aleluya! Pero según la parábola que Jesús dijo en Mateo 18, ay de los que *no* son misericordiosos, porque el día vendrá en que enfrentaremos al Dios de misericordia y justicia. Y así como un padre motiva a su hijo mediante recompensas y consecuencias, también lo hace nuestro Padre celestial. ¿Quieres recibir misericordia continuamente? Da misericordia, porque los hijos de Dios la reciben en dosis infinitas con el propósito de repartirla. Es un regalo gratuito *y* una recompensa prometida. ¿Otra verdad? Retén misericordia, y Dios retendrá Su misericordia hacia ti.

El amo perdonó una deuda enorme (¡equivalente a unos $3 mil millones de dólares!) que el siervo cruel nunca podría pagar.

El siervo se negó a perdonar una deuda muy pequeña a su siervo compañero (equivalente a unos $5,000 dólares).

El amo estaba enojado de que el siervo cruel no cambiara a pesar de su perdón misericordioso. En cambio, el siervo en realidad fue un mal representante de su amo, incluso ensució su reputación al tratar a otros con tal crueldad.

Los que siguen a Jesús son personas quebrantadas pero redimidas y, por lo tanto, grandemente favorecidas. Saber eso debería cambiarlo todo. Los elegidos por Dios han experimentado Su misericordia, y la seguiremos experimentando tanto en la tierra como ante el trono del juicio final de Dios. Nuestra responsabilidad de ahora en adelante es seguir a Jesús, nuestro "misericordioso y fiel sumo sacerdote" (Heb. 2:17), ir a donde Él va, hacer lo que Él hace y amar a quien Él ama. Al hacerlo, la misericordia de Dios fluirá hacia nosotros y a través de nosotros, y demostrará otra vez que:

Nada que hayamos hecho *o que alguna vez hagamos* hará que Dios nos deje de amar, gracias a Su misericordia.

Para nerds bíblicos (como nosotros) que quieren saber

En las prácticas de adoración de los israelitas del AT, el sumo sacerdote era el que entraba en la presencia de Dios en el templo para representar el arrepentimiento del pueblo de Dios y hacer un sacrificio expiatorio por sus pecados. Pero como supremo sumo sacerdote, la representación de Jesús de la humanidad ante Dios es única y perfecta.

"Porque tal sumo sacerdote nos convenía: santo, inocente, sin mancha, apartado de los pecadores, y hecho más sublime que los cielos; que no tiene necesidad cada día, como aquellos sumos sacerdotes, de ofrecer primero sacrificios por sus propios pecados, y luego por los del pueblo; porque esto lo hizo una vez para siempre, ofreciéndose a sí mismo" (Heb. 7:26–27).

Jesús no tenía pecados que necesitaran perdón misericordioso, y no necesitaba que alguien lo representara ante Dios. De hecho, Jesús no solo es nuestro sumo sacerdote; también es el sacrificio perfecto y definitivo por nuestros pecados (Heb. 9:24–28).

"Mas tú, Señor, Dios misericordioso y clemente, lento para la ira, y **grande en misericordia** y verdad...".

Salmos 86:15

"Mas Dios muestra su amor para con nosotros, en que **siendo aún pecadores**, Cristo murió por nosotros".

Romanos 5:8

"Por lo cual estoy seguro de que ni la muerte, ni la vida, ni ángeles, ni principados, ni potestades, ni lo presente, ni lo por venir, ni lo alto, ni lo profundo, ni ninguna otra cosa creada **nos podrá separar del amor de Dios, que es en Cristo Jesús Señor nuestro**".

Romanos 8:38–39

"El Señor no retarda su promesa, según algunos la tienen por tardanza, **sino que es paciente para con nosotros**, no queriendo que ninguno perezca, sino que todos procedan al arrepentimiento".

2 Pedro 3:9

La presencia de Dios va delante de nosotros, detrás de nosotros, y junto a nosotros, gracias a Su misericordia.

"Y JEHOVÁ va delante de ti; él estará contigo, no te dejará, ni te desamparará; no temas ni te intimides".

Deuteronomio 31:8

"JEHOVÁ es mi pastor; nada me faltará. En lugares de delicados pastos me hará descansar; junto a aguas de reposo me pastoreará. Confortará mi alma; me guiará por sendas de justicia por amor de su nombre. Aunque ande en valle de sombra de muerte, no temeré mal alguno, porque tú estarás conmigo; tu vara y tu cayado me infundirán aliento".

Salmos 23:1–4

"...y he aquí yo estoy con vosotros todos los días, hasta el fin del mundo".

Mateo 28:20

"Y yo rogaré al Padre, y os dará otro Consolador, para que esté con vosotros para siempre: el Espíritu de verdad, al cual el mundo no puede recibir, porque no le ve, ni le conoce; pero vosotros le conocéis, porque mora con vosotros, y estará en vosotros".

Juan 14:16–17

Podemos participar en actos de misericordia del reino, gracias a Su misericordia.

"Un mandamiento nuevo os doy: Que os améis unos a otros; como yo os he amado, que también os améis unos a otros. En esto conocerán todos que sois mis discípulos, si tuviereis amor los unos con los otros".

Juan 13:34–35

"Vestíos, pues, como escogidos de Dios, santos y amados, de entrañable misericordia, de benignidad, de humildad, de mansedumbre, de paciencia; soportándoos unos a otros, y perdonándoos unos a otros si alguno tuviere queja contra otro. De la manera que Cristo os perdonó, así también hacedlo vosotros. Y sobre todas estas cosas vestíos de amor, que es el vínculo perfecto. Y la paz de Dios gobierne en vuestros corazones, a la que asimismo fuisteis llamados en un solo cuerpo; y sed agradecidos. La palabra de Cristo more en abundancia en vosotros, enseñándoos y exhortándoos unos a otros en toda sabiduría, cantando con gracia en vuestros corazones al Señor con salmos e himnos y cánticos espirituales. Y todo lo que hacéis, sea de palabra o de hecho, hacedlo todo en el nombre del Señor Jesús, dando gracias a Dios Padre por medio de él".

Colosenses 3:12–17

"Y ante todo, tened entre vosotros ferviente amor; porque el amor cubrirá multitud de pecados".

1 Pedro 4:8

"Ustedes, en cambio, queridos hermanos, manténganse en el amor de Dios, edificándose sobre la base de su santísima fe y orando en el Espíritu Santo, mientras esperan que nuestro Señor Jesucristo, en su misericordia, les conceda vida eterna. Tengan compasión de los que dudan; a otros, sálvenlos arrebatándolos del fuego. Compadézcanse de los demás, pero tengan cuidado; aborrezcan hasta la ropa que haya sido contaminada por su cuerpo".

Judas 20–23 (NVI)

Nos estamos re-haciendo a la imagen de Cristo,
gracias a Su misericordia.

"Por tanto, nosotros todos, mirando a cara descubierta como en un espejo la gloria del Señor, somos transformados de gloria en gloria en la misma imagen, como por el Espíritu del Señor".

2 Corintios 3:18

"De modo que si alguno está en Cristo, nueva criatura es; las cosas viejas pasaron; he aquí todas son hechas nuevas".

2 Corintios 5:17

"Con Cristo estoy juntamente crucificado, y ya no vivo yo, mas vive Cristo en mí; y lo que ahora vivo en la carne, lo vivo en la fe del Hijo de Dios, el cual me amó y se entregó a sí mismo por mí".

Gálatas 2:20

"Amados, ahora somos hijos de Dios, y aún no se ha manifestado lo que hemos de ser; pero sabemos que cuando él se manifieste, seremos semejantes a él, porque le veremos tal como él es".

1 Juan 3:2

Tu turno

5. A la luz de los versículos anteriores, describe el favor de Dios para los misericordiosos.

6. Lee Santiago 2:12–13. ¿Cómo es que estos versículos son a la vez una advertencia y una promesa?

7. Lee 1 de Pedro 1:3–5, y subraya todas las formas en que Dios ha sido y sigue siendo misericordioso contigo:

> "Bendito el Dios y Padre de nuestro Señor Jesucristo, que según su grande misericordia nos hizo renacer para una esperanza viva, por la resurrección de Jesucristo de los muertos, para una herencia incorruptible, incontaminada e inmarcesible, reservada en los cielos para vosotros, que sois guardados por el poder de Dios mediante la fe, para alcanzar la salvación que está preparada para ser manifestada en el tiempo postrero".

8. No ganamos la misericordia de Dios por nuestro comportamiento misericordioso. Más bien, experimentamos Su misericordia ***y luego respondemos*** al extender misericordia hacia otros. En este mismo momento ¿a quién y cómo te está guiando el Espíritu Santo a ser misericordioso?

EXT. RÍO JORDÁN

(Simón Z y Jesús caminan a orillas del Jordán).

SIMÓN Z: ¿Por qué Jesé? ¿Por qué mi hermano entre tantos?

JESÚS: Este hombre sufrió terriblemente por treinta y ocho años. Es mucho tiempo. ¿Y de qué otra forma tendría tu atención?

SIMÓN Z: ¿Mi atención?

JESÚS *(pausa)*: Tu orden te entrenó para no tener miedo, ¿no?

SIMÓN Z: Solo por Dios, hasta morir.

JESÚS: Lo que hice con tu hermano no es el último problema que pienso causar.

(Simón Z se emociona).

SIMÓN Z: Eres el Mesías, ¿verdad?

JESÚS: Sí.

SIMÓN Z *(se hinca)*: Haré todo lo que pidas.

JESÚS: Te pido que entiendas la naturaleza de mi misión, Simón.

(Simón Z se queda sin palabras, confundido).

SIMÓN Z: Sí. ¿Cómo?

JESÚS: Mmm. Cómo, ¿verdad? No es tan fácil con humanos distraídos.

SIMÓN Z: He entrenado años para esto. Estoy listo para ejecutar Tu misión.

JESÚS: Ya lo veremos. Muéstrame tu arma.

(Simón Z desenfunda su daga reverentemente de su cinturón y se la da a Jesús).

JESÚS: Impresionante. Muy especial.

(Jesús hace una pausa, y echa la daga al río. Los ojos de Simón se le salen de la cabeza).

JESÚS (CONT.): No esperabas eso.

SIMÓN Z *(confundido. Todo parece estar al revés)*: ¿No te sirve eso?

JESÚS: Tengo algo mejor. Ya verás. Tenemos mucho de qué hablar. Solo sé paciente. Tuviste una gran semana.

SIMÓN Z: Sin mi arma secreta ¿para qué quieres alguien como yo?

JESÚS: Ya tengo todo lo que necesito. Pero te QUERÍA a ti.

SIMÓN Z: ¿Pero por qué?

JESÚS: No eres el único que no comprende. Pero tranquilo. Preparo algo para compartir con el mundo. Por ahora, tenerte a mi lado es más que suficiente. Nadie puede entrar al grupo por habilidades especiales.

SIMÓN Z *(una pausa)*: ¿Rabí?

JESÚS: ¿Sí, Simón?

SIMÓN Z: Luego de lo que pasó en el estanque durante la fiesta sagrada, puede haber gente que intente detenerte. Quizás algunos de mi antigua orden, especialmente si saben que tienes una misión diferente.

JESÚS: ¿Y qué es lo que harás? ¿Detenerlos?

SIMÓN Z: Bueno, podría hacerlo más fácil si Tú no hubieras tirado mi daga al río.

(Jesús se ríe, luego reflexiona).

JESÚS: Cuando llegue el día, supongo que lo sabremos.

Enfoque de la oración

Agradécele a Dios por la inmerecida misericordia que Él te mostró al hacer que Su hijo sin pecado muriera en *tu* lugar por *tus* pecados. Agradécele por la esperanza de Su plena misericordia en el futuro cuando Jesús regrese. Arrepiéntete por las maneras en que has negado la misericordia a otros, y pídele al Señor que te capacite mediante Su Espíritu Santo para ser generoso en misericordia por todo lo que ha hecho por ti.

Propuesta de oración

Amado Señor:

Reconozco que no me has tratado como merecen mis pecados. Más bien, entregaste a Jesús misericordiosamente como el sacrificio voluntario para tomar el castigo que merezco. No puedo ganarme Tu perdón. Jesús, gracias por pagar mi deuda con Tu vida. Tu resurrección me asegura Tu poder sobre el pecado y la muerte, y espero Tu regreso cuando Tu plena misericordia se expresará por la eternidad. Por ahora, Señor, mientras lucho por vivir para Ti de este lado de la eternidad, capacítame por Tu Espíritu Santo para ser misericordioso con los demás como Tú quieres que sea.

Amén.

María Magdalena

Con tantas mujeres en la Biblia llamadas María, esta se diferenció por su pueblo natal, Magdala, uno de varios pueblos pesqueros junto al mar de Galilea. Lo que sabemos de ella, gracias al Nuevo Testamento, es que antes de conocer a Jesús era una mujer atormentada, poseída por siete demonios. Jesús los expulsó de ella, y María de Magdala se convirtió una de Sus seguidoras devotas. Su sobrenombre en *The Chosen* es "Lilit", que viene de un antiguo término del Medio Oriente para "demonios femeninos" o "espíritus del viento".

En una cultura que consideraba a las mujeres menos valiosas que los hombres, María, por el contrario, resultó ser una notable seguidora de Jesús en que 1) estuvo entre las mujeres discípulas que viajaron con Jesús y apoyaron económicamente su ministerio (Lc. 8:1–3), 2) estuvo presente en Su crucifixión y Su sepultura (Mt. 27:56–61), y 3) fue la primera en presenciar la tumba vacía (Jn. 20:1) y en encontrarse con Jesús resucitado (Jn. 20:11–18; Mt. 28:1; Mc. 16:1–6).

Lección 6

LOS DE LIMPIO CORAZÓN
y vistas invisibles

"Bienaventurados los de limpio corazón, porque ellos verán a Dios".

Mateo 5:8

EXT. CALLE DE JERICÓ

(Mateo y Simón caminan por la calle fuera del Nómada. Simón se ve irritado, conmocionado. Mateo analiza).

MATEO: No puede haber ido tan lejos. Deberíamos separarnos.

SIMÓN: No lo haremos.

MATEO: Nos veríamos en el establo.

SIMÓN: ¿No aprendiste nada ahí adentro? Obviamente María sabe cuidarse, pero TÚ no.

MATEO: ¿Y si tú te hubieras alejado de Jesús por algo en tu pasado? ¿No querrías ayuda para regresar a Él lo antes posible?

SIMÓN *(la idea lo conmueve de golpe)*: De acuerdo. Separémonos. *(Señala con el dedo).* Norte. Este. Sur. Oeste. ¿Sí? Yo voy al norte...

MARÍA MAGDALENA *(fuera de la toma)*: ¿Muchachos?

(Se detienen y voltean. Vemos a María a unos 6 metros. Está sentada en un banco, borracha. Se balancea mientras intenta distinguir a los dos Mateos y dos Simones).

MATEO *(se apresura hacia ella)*: ¡María!

MARÍA MAGDALENA: Pensé que estaba soñando.

(Se calla, abrumada por la emoción. Sus ojos lagrimean. Mateo la mira con total aceptación; Simón busca algún peligro a su alrededor).

SIMÓN: ¿Puedes caminar?

MARÍA MAGDALENA: Ah, no. No puedo ir a ningún lado.

MATEO: Tenemos que volver.

MARÍA MAGDALENA: No, no.

SIMÓN: Vamos, María. Nos pidió que viniéramos por ti.

MARÍA MAGDALENA: No, no. Ya me arregló. Él ya me arregló una vez, y me rompí de nuevo. No puedo enfrentarlo.

(Mientras María llora, Simón le echa una mirada a Mateo para que intervenga. Mateo se arrodilla ante María).

MATEO: Yo soy una mala persona, María.

MARÍA MAGDALENA: Mateo…

MATEO: No. Toda mi vida, todo para mí. Sin fe.

MARÍA MAGDALENA: Sí tengo fe en Él. Pero no tengo fe en mí.

MATEO: Estoy aprendiendo más de la Torá y de Dios gracias a ti. Estudio más porque tú eres una gran alumna.

(Mateo le echa una mirada a Simón. "¡Di algo!").

SIMÓN: ¿Recuerdas cuando estábamos en la casa de Zebedeo, y bajaron a ese hombre después de romper el techo? Lo hicimos juntos. Ellos lograron conocer a Jesús gracias a tu cuidado por ellos y tus buenas ideas.

MATEO: Ramah está empezando a leer y escribir gracias a ti. Él te salvó para hacer todas estas cosas.

(María rompe en llantos, se dobla hacia adelante y vomita todo el veneno que consumió en las últimas 48 horas. Mateo la ayuda, le agarra el cabello mientras tose y vomita).

MATEO (CONT.): Está bien. Todo está bien.

Así es

Los israelitas del Antiguo Testamento sabían que cualquiera que mirara a Dios de frente moriría de inmediato. Incluso el profeta Isaías, consciente de su propio pecado, tuvo miedo al encontrarse con Dios en una visión: "¡Ay de mí! que soy muerto; porque siendo hombre inmundo de labios, y habitando en medio de pueblo que tiene labios inmundos, han visto mis ojos al Rey, JEHOVÁ de los ejércitos" (Is. 6:5).

¿No es extraño? La muerte por santidad es un concepto que nos cuesta comprender en el Siglo XXI. Pero Dios *es* santo, lo que significa que no tiene pecado. Es más, su santidad hace que nunca se acerque al pecado. Está completamente *apartado*; trasciende por completo por encima del mundo que creó. Entonces cuando desobedecemos Sus reglas, es decir, cuando pecamos, nos separamos del Santo que nos ama, y destruimos nuestra relación más de lo que jamás podríamos reparar. Es por eso que Jesús se convirtió en la propiciación por nuestro pecado (Ro. 3:25; Hch. 2:17; 1 Jn. 2:2; 4:10). Él vino con el fin de restaurar nuestra correcta relación con Dios.

Ya volvió a aparecer esa palabra bíblica, "propiciación". Regresa a la página 87 si ya se te olvidó su significado. ☺

Avancemos hasta la actualidad, donde la mayoría de la población cree que ya son "buenos". Claro, solemos definir nuestra propia bondad comparándonos con las personas que consideramos no buenas, y así preservamos nuestra buena reputación auto-percibida y la aseguramos ante otras personas buenas. **Pero los demás no son el estándar de bondad; Dios lo es** (Mc. 10:18; Lc. 18:19). Cuando nos comparamos con ellos, en realidad estamos excusando nuestros pecados, y etiquetando a las Escrituras que no nos gustan como irrelevantes u obsoletas. Mientras tanto, nos estamos alejando de la verdad: que

Postrarse: agachar la cabeza hasta el suelo.

Para nerds bíblicos (como nosotros) que quieren saber

Justo después de su milagroso y extraordinario rescate de Egipto a través del mar Rojo, Moisés recordó el temor de los israelitas de ver a Dios cara a cara sobre el Monte Sinaí (también llamado Horeb) cuando se le dieron los Diez Mandamientos. Por temor a morir, insistieron que Moisés los representara delante de Dios (Ex. 20:18–21; Dt. 5:1–5). Curiosamente, en sus comentarios posteriores, Moisés habló de un gran representante aún mayor que estaba por venir. #Jesus deberíamos postrarnos delante del Dios Santo del universo, arrepentirnos de nuestros pecados y adorarle por no habernos matado desde antes.

Aquellos, los que saben que no son realmente tan buenos, son los que Jesús llamó "de limpio corazón" en el SdM.

Qué ironía.

Tu turno

1. Cuando se trata de ser "bueno" ¿cómo te consideras? ¿En qué se basa tu autopercepción?

La inseguridad y el orgullo son dos caras de la misma moneda; ambos resultan del egoísmo. Cuando basamos nuestra identidad en Cristo, entendemos nuestra maldad, nuestra necesidad de un Salvador y lo preciados que somos para Dios, quien envió a Jesús para salvarnos.

"Mas Dios muestra su amor para con nosotros, en que siendo aún pecadores, Cristo murió por nosotros". Romanos 5:8

Día de reposo: la práctica semanal de abstenerse del trabajo para descansar y centrar la atención en Dios y Su provisión.

Así debería ser

"Otra vez entró Jesús en la sinagoga; y había allí un hombre que tenía seca una mano. Y le acechaban para ver si en el día de reposo le sanaría, a fin de poder acusarle. Entonces dijo al hombre que tenía la mano seca: Levántate y ponte en medio. Y les dijo: ¿Es lícito en los días de reposo hacer bien, o hacer mal; salvar la vida, o quitarla? Pero ellos callaban. Entonces, mirándolos alrededor con enojo, **entristecido por la dureza de sus corazones**, dijo al hombre: Extiende tu mano. Y él la extendió, y la mano le fue restaurada sana. Y salidos los fariseos, tomaron consejo con los herodianos contra él para destruirle".

Marcos 3:1–6

Se tendría que tener un corazón muy duro para enojarse con Jesús por sanar en un sábado en vez de un lunes. Pero los fariseos se enfocaron en la literalidad de sus leyes en lugar de los propósitos de la ley de Dios. Si bien es verdad que Dios le ordenó al Israel del Antiguo Testamento que observaran ciertas ceremonias y costumbres religiosas, estas observancias nunca eran asuntos de comportamiento externo. En realidad buscaban representar la condición de los corazones de Su pueblo. Se idearon como una expresión pública de lo que ya tenían dentro, porque la pureza del corazón no se mide por reglas hechas por humanos, ni por nuestra (inexistente) falta de pecado.

Los judíos observaban el Shabat desde la noche del viernes hasta la noche del sábado. Los cristianos del Nuevo Testamento ahora nos reunimos los domingos, el día en que Jesús resucitó.

Gracias a Dios.

Desafortunadamente, al igual que los fariseos, solemos enfocarnos en el comportamiento externo y pasamos por alto la fealdad interna. Quizás no seamos culpables de pecados "grandes" como el asesinato, pero sí somos culpables de violar la ley perfecta y santa de Dios de alguna manera. De hecho, el Nuevo Testamento nos enseña que ser culpable de una parte de la ley de Dios nos hace culpables de violarla toda: "Porque el que cumple con toda la ley, pero falla en un solo punto ya es

Para nerds bíblicos (como nosotros) que quieren saber

Las Escrituras hablan mucho sobre la "dureza del corazón". El faraón y los egipcios tenían corazones que fueron "endurecidos" contra Dios (Ex. 7–14; 1 Sam. 6:6), al igual que otras naciones enemigas (Dt. 2:30; Js. 11:20). Se describió que los israelitas y algunos de sus líderes "[obstinaron] su corazón para no volverse a JEHOVÁ el Dios de Israel" (2 Cr. 36:13; Ez. 3:7; Zac. 7:12).

El Evangelio de Marcos usa la misma imagen (Mc. 3:5; 6:52; 8:17; 10:5; 16:14), y el libro de Hebreos llama tres veces a sus lectores a prestar atención a la advertencia del Salmo 95:8: "No endurezcáis vuestros corazones" (Heb. 3:8, 15; 4:7).

En Romanos 2, Pablo habló de la dureza de corazón crítica e hipócrita, y advirtió: "Pero por tu dureza y por tu corazón no arrepentido, atesoras para ti mismo ira para el día de la ira y de la revelación del justo juicio de Dios" (v. 5).

culpable de haberla quebrantado toda" (Stg. 2:10 NVI). Ciertamente todos tenemos pecado en nuestras vidas, sin importar cuánto amemos a Jesús. Reconocer y lamentar el pecado que nos separa de Dios *y luego arrepentirnos de ello* nos hace menos como los fariseos hipócritas y más como María, pura de corazón.

"No hay justo, ni aun uno".
Romanos 3:10

"...por cuanto todos pecaron, y están destituidos de la gloria de Dios...".
Romanos 3:23

"Si decimos que tenemos comunión con él, y andamos en tinieblas, mentimos, y no practicamos la verdad; pero si andamos en luz, como él está en luz, tenemos comunión unos con otros, y la sangre de Jesucristo su Hijo nos limpia de todo pecado. Si decimos que no tenemos pecado, nos engañamos a nosotros mismos, y la verdad no está en nosotros. Si confesamos nuestros pecados, él es fiel y justo para perdonar nuestros pecados, y limpiarnos de toda maldad. Si decimos que no hemos pecado, le hacemos a él mentiroso, y su palabra no está en nosotros".
1 Juan 1:6–10

Arrepentirse:
sentir o expresar lamento o pesar sinceros por las malas acciones de uno; alejarse del pecado.

"Antes bien, como está escrito: Cosas que ojo no vio, ni oído oyó, ni han subido en corazón de hombre, son las que Dios ha preparado para los que le aman".
1 Corintios 2:9

Resulta que a quienes se les ha perdonado mucho también aman mucho (Lc. 7:47). Quizás María Magdalena no haya sido impresionante según los estándares del mundo —la gente de su época no la honraba para nada—, pero su comprensión de su pobreza espiritual la llevó a decidir seguir a Jesús por el resto de su vida. Sabía que Él era el camino, la verdad y la vida (Jn. 14:6), y que cualquier otro camino la llevaría de vuelta a la oscuridad. Era de limpio corazón, no por algo que hubiera hecho o dejado de hacer, y no por ser perfecta, pues no lo era. Pero según los estándares bíblicos, María era de limpio corazón porque se rindió ante Jesús, y luego *Él* limpió su corazón, la mantuvo sobre el camino angosto y la llevó hasta el cielo, donde sí fue *hecha* perfecta, como su Salvador.

Ah, que fuéramos como María, con pleno entendimiento de que sin Jesús estamos indefensos, desesperanzados y destinados a la destrucción, pero que con Él somos todo lo opuesto. Con Él somos ayudados, llenos de esperanza y destinados al cielo, donde en vez de ser vaporizados de inmediato, veremos cosas que nuestras mentes ni pueden imaginarse.

¿Quieres más buenas noticias?

Esa visión comienza ahora.

Tu turno

2. ¿De qué manera eres como los fariseos? ¿De qué manera eres como María?

3. ¿En qué comportamientos externos, tuyos o de otros, sueles enfocarte más?

4. ¿Qué actitudes del corazón sueles ignorar o descuidar?

Ver con claridad

"[Que] el Dios de nuestro Señor Jesucristo, el Padre de gloria, os dé espíritu de sabiduría y de revelación en el conocimiento de él, alumbrando los ojos de vuestro entendimiento, para que sepáis cuál es la esperanza a que él os ha llamado, y cuáles las riquezas de la gloria de su herencia en los santos,

Para nerds bíblicos (como nosotros) que quieren saber

El que tiene verdadera pureza moral interna no solo es alguien con buenas intenciones, sino el que también es sincero y no vive un estilo de vida engañoso. Los de limpio corazón son los mismos en público y en privado; es decir, ¡no son hipócritas!

El profeta Jeremías expresó la desilusión de Dios por la conformidad religiosa de Israel sin ningún cambio del corazón. Solo era una rutina para ellos. En específico, habían sido circuncidados como señal de su relación y pacto con Dios, pero en su día a día no eran muy diferentes a los enemigos de Dios. "He aquí que vienen días, dice JEHOVÁ, en que castigaré a todo circuncidado [...] porque todas las naciones son incircuncisas, y toda la casa de Israel es incircuncisa de corazón" (Je. 9:25–26; véase también 4:4; Dt. 10:16; 30:6–8).

Vivir "obstinadamente" es, de hecho, un tema recurrente en el SdM, en el cual Jesús advirtió a Sus seguidores: "Guardaos de hacer vuestra justicia delante de los hombres, para ser vistos de ellos; de otra manera no tendréis recompensa de vuestro Padre que está en los cielos" (Mt. 6:1). La limpieza del corazón incluye actos secretos de bondad (6:2–4), la manera de orar (6:5–15), las prácticas religiosas como el ayuno (6:16–18), lo que uno atesora (6:19–21) y en qué se enfoca uno (6:22–24).

y cuál la supereminente grandeza de su poder para con nosotros
los que creemos, según la operación del poder de su fuerza...".
Efesios 1:17–19

Si no tenemos cuidado, las bienaventuranzas del SdM se pueden convertir en el ruido de fondo de una escuelita dominical: declaraciones que suenan bonitas y cristianas, pero que tienen poca importancia para nosotros porque ni prestamos atención. En realidad, nada en toda la tierra debe emocionarnos más, impresionarnos más, inspirarnos más que la promesa de que *los de limpio corazón verán a Dios*. Que los que se arrepienten y se rinden lo conocerán y subirán Su monte santo para entrar en Su presencia y en realidad pertenecerán ahí porque Él lo hizo posible (Sal. 24:3–4).

Quienes seguimos a Jesús literalmente lo veremos cara a cara en el cielo, y saber eso debería cambiarlo todo, ¡porque vaya que será un gran día! Pero no tenemos que esperar tanto, porque el favor de Dios ya está sobre nosotros. Y si bien aún no lo hemos visto con nuestros ojos físicos, los ojos de nuestro corazón de cierto han sido iluminados. Las escamas de los ojos han caído (Hch. 9:18), y todo lo que experimentamos de aquí en adelante se filtra por *la esperanza a la que hemos sido llamados*, y vemos una y otra vez el gran amor de Dios hacia los creyentes de tantas maneras maravillosas:

"Jesús le dijo: Porque me has visto, Tomás, creíste; bienaventurados los que no vieron, y creyeron". Juan 20:29

Esos somos nosotros. ☺

Vemos a Dios en Su creación.

"Los cielos cuentan la gloria de Dios, y el firmamento anuncia la obra de sus manos. Un día emite palabra a otro día, y una noche a otra noche declara sabiduría".

Salmos 19:1–2

"Y en efecto, pregunta ahora a las bestias, y ellas te enseñarán; a las aves de los cielos, y ellas te lo mostrarán; o habla a la tierra, y ella te enseñará; los peces del mar te lo declararán también. ¿Qué cosa de todas estas no entiende que la mano de JEHOVÁ la hizo? En su mano está el alma de todo viviente, y el hálito de todo el género humano".

Job 12:7–10

"En el principio era el Verbo, y el Verbo era con Dios, y el Verbo era Dios. Este era en el principio con Dios. Todas las cosas por él fueron hechas, y sin él nada de lo que ha sido hecho, fue hecho".

Juan 1:1–3

"Porque las cosas invisibles de él, su eterno poder y deidad, se hacen claramente visibles desde la creación del mundo, siendo entendidas por medio de las cosas hechas...".

Romanos 1:20

"Porque en él fueron creadas todas las cosas, las que hay en los cielos y las que hay en la tierra, visibles e invisibles; sean tronos, sean dominios, sean principados, sean potestades; todo fue creado por medio de él y para él".

Colosenses 1:16

Vemos a Dios en Su Iglesia.

"Porque donde están dos o tres congregados en mi nombre, allí estoy yo en medio de ellos".
Mateo 18:20

Todos somos hechos a imagen de Dios (Gn. 1:27), lo que significa que nuestros distintos y variados dones reflejan SUS MUCHOS dones. Vemos los atributos innumerables y maravillosos de Dios en Sus hijos y en el colectivo que es Su Iglesia.

"Porque de la manera que en un cuerpo tenemos muchos miembros, pero no todos los miembros tienen la misma función, así nosotros, siendo muchos, somos un cuerpo en Cristo, y todos miembros los unos de los otros. De manera que, teniendo diferentes dones, según la gracia que nos es dada, si el de profecía, úsese conforme a la medida de la fe; o si de servicio, en servir; o el que enseña, en la enseñanza; el que exhorta, en la exhortación; el que reparte, con liberalidad; el que preside, con solicitud; el que hace misericordia, con alegría".
Romanos 12:4–8

"Así que ya no sois extranjeros ni advenedizos, sino conciudadanos de los santos, y miembros de la familia de Dios, edificados sobre el fundamento de los apóstoles y profetas, siendo la principal piedra del ángulo Jesucristo mismo, en quien todo el edificio, bien coordinado, va creciendo para ser un templo santo en el Señor; en quien vosotros también sois juntamente edificados para morada de Dios en el Espíritu".
Efesios 2:19–22

"Mas vosotros sois linaje escogido, real sacerdocio, nación santa, pueblo adquirido por Dios, para que anunciéis las virtudes de aquel que os llamó de las tinieblas a su luz admirable; vosotros que en otro tiempo no erais pueblo, pero que ahora sois pueblo de Dios; que en otro tiempo no habíais alcanzado misericordia, pero ahora habéis alcanzado misericordia".

1 Pedro 2:9–10

Vemos a Dios en la tranquilidad.

"JEHOVÁ peleará por vosotros, y vosotros estaréis tranquilos".

Éxodo 14:14

"JEHOVÁ es mi pastor; nada me faltará. En lugares de delicados pastos me hará descansar; junto a aguas de reposo me pastoreará. Confortará mi alma...".

Salmos 23:1–3

"Estad quietos, y conoced que yo soy Dios; seré exaltado entre las naciones; enaltecido seré en la tierra".

Salmos 46:10

"Venid a mí todos los que estáis trabajados y cargados, y yo os haré descansar. Llevad mi yugo sobre vosotros, y aprended de mí, que soy manso y humilde de corazón; y hallaréis descanso para vuestras almas; porque mi yugo es fácil, y ligera mi carga".

Mateo 11:28–30

Vemos a Dios en nuestro futuro.

"No se turbe vuestro corazón; creéis en Dios, creed también en mí. En la casa de mi Padre muchas moradas hay; si así no fuera, yo os lo hubiera dicho; voy, pues, a preparar lugar para vosotros. Y si me fuere y os preparare lugar, vendré otra vez, y os tomaré a mí mismo, para que donde yo estoy, vosotros también estéis".
Juan 14:1–3

"Mirad cuál amor nos ha dado el Padre, para que seamos llamados hijos de Dios; por esto el mundo no nos conoce, porque no le conoció a él. Amados, ahora somos hijos de Dios, y aún no se ha manifestado lo que hemos de ser; pero sabemos que cuando él se manifieste, seremos semejantes a él, porque le veremos tal como él es. Y todo aquel que tiene esta esperanza en él, se purifica a sí mismo, así como él es puro".
1 Juan 3:1–3

"Vi un cielo nuevo y una tierra nueva; porque el primer cielo y la primera tierra pasaron, y el mar ya no existía más. Y yo Juan vi la santa ciudad, la nueva Jerusalén, descender del cielo, de Dios, dispuesta como una esposa ataviada para su marido. Y oí una gran voz del cielo que decía: He aquí el tabernáculo de Dios con los hombres, y él morará con ellos; y ellos serán su pueblo, y Dios mismo estará con ellos como su Dios. Enjugará Dios toda lágrima de los ojos de ellos; y ya no habrá muerte, ni habrá más llanto, ni clamor, ni dolor; porque las primeras cosas pasaron".

Apocalipsis 21:1–4

Tu turno

5. A la luz de los versículos anteriores, describe el favor de Dios para los de limpio corazón.

6. ¿De qué manera has visto claramente a Dios en tu vida o en la de los que te rodean?

7. Los que ponen su fe en Jesús se vuelven hijos de Dios (Jn. 1:12). ¿Ser un hijo de Dios cómo debería cambiar tu forma de interactuar con el mundo a tu alrededor? Sé específico acerca de tus circunstancias y quienes te rodean, porque ver claramente a Dios *debería*, de hecho, cambiarlo todo.

Poner tu fe en Jesús significa arrepentirte de tus pecados y ceder el control de tu vida a Él.

8. Vuelve a leer Juan 14:1–3; 1 Juan 3:1–3 y Apocalipsis 21:1–4 (en las páginas 112–113), y haz una lista de las cosas increíbles que esperan a los de limpio corazón.

INT. TIENDA DE JESÚS

(Jesús se sienta de espaldas a la entrada, la cabeza entre las manos, profundamente entristecido, no solo por el arresto de Juan el Bautista, sino por todo lo que sabe en lo profundo de Su ser como Dios humanado que tiene que pasar pronto. María Madre abre la solapa para que entre María Magdalena. Se para un momento a medio camino entre la entrada y Jesús. Jesús suspira).

JESÚS *(componiéndose)*: No es por ti. Están sucediendo muchas cosas en este momento. Es bueno tenerte de vuelta.

MARÍA MAGDALENA *(baja la cabeza, llorando)*: No sé qué decir.

JESÚS: Yo no pido mucho.

MARÍA MAGDALENA: Estoy tan avergonzada, me redimiste y yo lo tiré por la borda.

JESÚS: Bueno, no es una redención si se puede perder en un día, ¿verdad?

MARÍA MAGDALENA: Te lo debo todo, pero no creo que pueda hacerlo.

JESÚS: ¿Hacer qué?

MARÍA MAGDALENA: Estar a la altura. Recompensarte. ¿Cómo pude irme y regresar al lugar de donde me sacaste? Y ni siquiera... ni siquiera regresé por mi cuenta. Tuvieron que ir a buscarme. No puedo cumplir con las expectativas.

JESÚS: Bueno, eso es cierto.

(María llora más fuerte).

JESÚS (CONT.): Pero no tienes que hacerlo. Yo solo quiero tu corazón. El Padre solo quiere tu corazón. Danos eso, lo cual ya has hecho, y lo demás vendrá con el tiempo. ¿Realmente pensaste que nunca más volverías a luchar o a pecar? Sé lo doloroso que fue ese momento para ti.

MARÍA MAGDALENA: No debería.

JESÚS: Algún día. Pero no aquí.

MARÍA MAGDALENA: Lo siento tanto.

JESÚS: Levanta la cabeza.

MARÍA MAGDALENA: No puedo.

JESÚS: Sí puedes. Veme. *(Ella alza la cabeza).* Yo te perdono. Se acabó.

Enfoque de la oración

Habla con Dios sobre la condición de tu corazón. Si tu lealtad se ha dividido, si sigues viviendo para ti, si te has juzgado por un estándar distinto al de Jesús, admite esas cosas delante del Señor. Reconoce tu incapacidad de vivir una vida libre de pecado. Pídele que te perdone y que limpie tu corazón. Agradece a Dios por que la salvación depende de la pureza de la vida de Jesús y de Su muerte sacrificial. Pídele que te capacite mediante Su Espíritu Santo para vivir con gratitud con la limpieza de corazón que Jesús otorga. Pídele que te ayude a reconocer Su obra en y alrededor de ti, ahora mientras esperas verlo algún día cara a cara.

Propuesta de oración

Amado Señor:

Por mucho que intente quedar bien ante otros, reconozco que no estoy a la altura de Tu estándar de bondad debido a mi pecaminosidad. Por favor, perdóname por la impureza de mi pecado y por las maneras hipócritas en que he intentado cubrirlo. Perdóname por condenar a los que me rodean para intentar sentirme mejor por mi propio pecado. Gracias por proveer la salvación mediante la fe en Jesús en lugar de mediante mis esfuerzos insuficientes. Por favor, limpia mi corazón y capacítame mediante Tu Espíritu Santo para reconocer Tu obra en y alrededor de mí, y para vivir con gozo para Ti hasta que te vea cara a cara en la eternidad.

Amén.

Andrés, hermano de Simón Pedro

Al crecer en Betsaida junto al Mar de Galilea, Andrés, hermano de Simón Pedro, se involucró en el negocio familiar de la pesca (Mt. 4:18–20; Mc. 1:16–17). Era discípulo de Juan el Bautista antes de decidir seguir a Jesús (Jn. 1:35–40), y se le reconoce por haber reclutado rápidamente a su hermano Simón Pedro para seguirle también (v. 41–42). En algún momento, Andrés y Simón Pedro se mudaron a Capernaúm en el Mar de Galilea, que se volvió la sede del ministerio de Jesús (Mc. 1:29; 2:1). Parece que Andrés fue un muchacho optimista, dispuesto a hacer todo, que se puso a disposición de Jesús junto con sus recursos (como los peces y panes en la alimentación de los cinco mil en Juan 6:8–9) y que era muy accesible (Jn. 12:20–22).

Se le menciona una vez en el libro de los Hechos, y la tradición antigua propone que su ministerio después de Hechos fue en lugares como Acaya (Grecia), Anatolia (una región en la actual Turquía) y Macedonia, con un viaje a Escitia (una región de la actual Ucrania y Rusia) donde Dios lo usó para rescatar a Matías de unos caníbales. Hipólito reportó que Andrés fue crucificado en un olivo en Patras, un pueblo en Acaya (ca. 70 d. C.). La tradición sugiere que fue una cruz con forma de X (un "saltire"). Se piensa que los huesos de Andrés fueron trasladados en el Siglo IV a Escocia, y que el rey Óengus de los Pictos del Siglo VIII ganó una batalla con un símbolo de saltire en el cielo. Desde entonces Andrés ha sido el santo patrón de Escocia.

Lección 7

LOS PACIFICADORES
y lo que persiguen

"Bienaventurados los pacificadores, porque ellos serán llamados hijos [e hijas] de Dios".

Mateo 5:9

EXT. MAR DE GALILEA (DÍA)

(Los hermanos pescan).

SIMÓN: Como en los viejos tiempos, ¿no?

ANDRÉS: Como Él lo dijo, nadie debe adivinar lo que hay en tu cabeza.

SIMÓN: No hay nada en mi cabeza. Esto... lo llevamos en la sangre. No tengo que pensar.

ANDRÉS: Debe ser bueno, no tener nada en la cabeza.

SIMÓN: No te hagas el listo; es un decir.

ANDRÉS: Sin duda eso pasó cuando sacaste el trigo en Wadi Kelt.

SIMÓN: ¡Todos lo hicimos! Excepto... Excepto María.

ANDRÉS: Ella ya había hecho su parte.

SIMÓN: ¿Crees que nunca cometerás otro error en tu vida?

ANDRÉS: ¡Ella se fue por días!

SIMÓN: Dos. No exageres.

ANDRÉS: Que yo no exage... ¿Me lo dices a mí? Eso es... Wow.

SIMÓN: Ella padeció algo horrible y aterrador, y lo manejó de la mejor manera que pudo.

ANDRÉS: Debió haber buscado a Jesús.

SIMÓN: Ahora ya lo sabe. Si recuerdas, Jesús estaba sacándole su daga a Simón el loco.

ANDRÉS: Oh, ¿ahora *él* es Simón el loco?

SIMÓN *(se encoge de hombros)*: Estoy casado y tenía un oficio honesto.

ANDRÉS: ¡Trabajabas en un oficio honesto deshonestamente!

SIMÓN: Así conocí a Jesús. Caminos inesperados.

ANDRÉS: Apuestas. Peleas. ¿Eso también fue inesperado?

SIMÓN: ¡Tú también apostabas!

ANDRÉS: ¡Nunca lo haré de nuevo! Y si soy tentado le pediré ayuda al Rabí. ¡Sin duda no haré algo egoísta, que deje al grupo abandonado y con hambre por días o que tensione a Jesús y enoje a los fariseos que ahora nos persiguen!

SIMÓN: Estaba afligido por el arresto de Juan, ¡y no nos están persiguiendo! ¡Eres tan dramático!

ANDRÉS: Cuando sepan en Jerusalén que afirmó ser el Hijo del Hombre y Señor del Shabat, lo perseguirán, lo arrestarán, ¡se arruinarán por completo los planes para el sermón y perderemos el terreno ganado! ¡*Eso* es lo que temo!

SIMÓN: Jerusalén ni siquiera abre las cartas de Wadi Kelt. Andrés, solo estás hablando por miedo.

ANDRÉS: Sé más sobre esto que tú. Si deciden que no les agradas, se acabó. ¡Juan podría pasar el resto de su vida en prisión!

SIMÓN: Herodes arrestó a Juan, no el Sanedrín.

ANDRÉS: El Sanedrín arresta gente todo el tiempo.

SIMÓN: Tú me dijiste que Él era el Mesías. ¿Tendré que recordártelo yo ahora?

ANDRÉS: El solo hecho de que Él sea el Mesías significa que habrá problemas. ¿Entiendes? Quizás hasta guerra.

SIMÓN: Si armaras un ejército ¿comenzarías por Santiago el Pequeño y Tadeo?

ANDRÉS: Simón...

SIMÓN: ¿Crees que va a trazar planes militares cada vez que va a lugares solitarios?

ANDRÉS: ¡Nunca regresa con nada!

SIMÓN: ¿Sabes qué? Solo pesquemos. ¿Está bien? ¿Podemos?

(Se sientan y esperan de sus respectivos lados. Andrés mira hacia el oeste. Simón hacia el este, y algo fuera de pantalla lo vuelve pálido. Simón ve tropas romanas a la distancia que marchan a lo largo de la costa oriental. Se acercan a donde Jesús está enseñando, en la loma. Nadie del campamento ha visto a los soldados, que siguen lejos. Simón permanece extremadamente tranquilo).

SIMÓN: ¿Andrés? ¿Mi hermanito a quien amo mucho?

ANDRÉS: ¿Qué?

SIMÓN: Necesito que respires profundamente. ¿Puedes hacerlo?

ANDRÉS: ¿Por qué?

SIMÓN: Solo hazlo, por favor. Pídele a Dios que te dé...

(Andrés sigue la mirada de Simón por instinto. Voltea, ignorando toda instrucción. Mientras tambalea alarmado, Simón exhala y cierra los ojos. ¿Por qué se molestó?).

El camino menos transitado

Por lo general hay dos acercamientos a la pacificación, y ninguno de ellos es muy eficaz para crear la paz. El primero crea una paz falsa y es donde se busca evadir el conflicto fingiendo que no existe. Sonríen y dicen que están bien mientras esconden bajo la alfombra más cercana las cosas con las que preferirían no lidiar. Por cierto, esconder cosas no las desaparece; quedan al acecho. El segundo rompe la paz y es donde se busca resolver el conflicto exigiendo que se reconozca y se lidie con él, pero YA.

Por muy diferentes que parezcan los dos acercamientos tienen orígenes similares: AUTO-protección, AUTO-justicia y AUTO-beneficio, por ejemplo.

¿Ves un patrón?

En general, en el Siglo XXI se suele enseñar que para ser feliz primero hay que complacernos *a nosotros mismos*, que en esencia significa que lo que pensemos, sintamos o queramos es más importante que cualquier otra cosa o persona. Pero el constante declive de nuestra salud mental colectiva, así como el aumento de eventos como tiroteos masivos, drogadicción, divorcios y suicidios comprueba que lo que la cultura nos ha predicado no funciona. Porque mientras nos enfocamos en NOSOTROS MISMOS, en la séptima bienaventuranza del SdM Jesús se enfoca en la pacificación.

Y se entregó a SÍ MISMO para hacerlo.

Tu turno

1. ¿En qué medida creas una paz falsa o rompes la paz con los demás, y por qué?

El camino de la paz

> "Cuando alzó Jesús los ojos, y vio que había venido a él gran multitud, dijo a Felipe: ¿De dónde compraremos pan para que coman estos? Pero esto decía para probarle; porque él sabía lo que había de hacer. Felipe le respondió: Doscientos denarios de pan no bastarían para que cada uno de ellos tomase un poco. Uno de sus discípulos, Andrés, hermano de Simón Pedro, le dijo: Aquí está un muchacho, que tiene cinco panes de cebada y dos pececillos; mas ¿qué es esto para tantos? Entonces Jesús dijo: Haced recostar la gente. Y había mucha hierba en aquel lugar; y se recostaron como en número de cinco mil varones. Y tomó Jesús aquellos panes, y habiendo dado gracias, los repartió entre los discípulos,

y los discípulos entre los que estaban recostados;
asimismo de los peces, cuanto querían. Y cuando
se hubieron saciado, dijo a sus discípulos:
Recoged los pedazos que sobraron, para que
no se pierda nada. Recogieron, pues, y llenaron
doce cestas de pedazos, que de los cinco panes
de cebada sobraron a los que habían comido".
Juan 6:5–13

Parece que Andrés era bastante bueno para seguir a Jesús. Era entusiasta, sincero y tranquilo. Llevó sus dudas y confusiones a Jesús, junto con los panes y peces de un niñito. Y valió la pena, porque **Jesús tomó lo que Andrés le dio, y lo convirtió en algo grande** que alimentó a mucha gente y que además cambió al mundo. Hablaremos de eso más adelante porque, a pesar de los milagros, incluso alguien como Andrés tuvo que reconciliarse con una nueva forma de actuar. Tuvo que dejar atrás sus ideas preconcebidas de cómo era Dios, a quién elegiría y cómo el reino de los cielos se establecería, comenzando por los seguidores de Jesús.

Los discípulos eran un grupo poco convencional, porque Jesús aceptó a todos. Esto significó que Andrés tuvo que descubrir cómo llevarse bien con un recolector de impuestos que simpatizaba con los romanos y con un zelote antiromano, por no mencionar las multitudes que siempre andaban cerca de ellos. Sin duda él y el resto del grupo tuvieron que poner sus opiniones y sentimientos de lado

Para nerds bíblicos (como nosotros) que quieren saber

En su carta del Nuevo Testamento, Santiago, el hermano de Jesús, repitió varias de las bienaventuranzas en pocos versículos sin mencionar el SdM explícitamente:

"Pero la sabiduría que es de lo alto es primeramente pura, después pacífica, amable, benigna, llena de misericordia y de buenos frutos, sin incertidumbre ni hipocresía. Y el fruto de justicia se siembra en paz para aquellos que hacen la paz" (Stg. 3:17–18).

En esta colección de características en las bienaventuranzas (es decir, pureza, misericordia, justicia, mansedumbre, etc.), Santiago mencionó la "paz" tres veces. Para ello, usó la frase para "los que hacen la paz" (*poiousin eirēnēn*, v. 18). En el Evangelio de Mateo, Jesús usó la palabra compuesta "pacificadores" (*eirēnopoioi*, Mt. 5:9; Col. 1:20). Así, ambos hablaron de la paz como una meta, como algo que el pueblo de Dios busca "hacer" (*poieō*). Es importante resaltar que el asunto no es solo ser pacífico, sino en verdad ser alguien que hace la paz, alguien que invierte tiempo y energía en trabajar por la paz como un objetivo.

para participar en lo que Jesús estaba haciendo y enseñando. Y Jesús instruyó a Sus seguidores a hacer la paz, no a fingirla ni a exigir soluciones a su modo, sino a:

"Porque él es nuestra paz, que de ambos pueblos hizo uno, derribando la pared intermedia de separación, aboliendo en su carne las enemistades, la ley de los mandamientos expresados en ordenanzas, para crear en sí mismo de los dos un solo y nuevo hombre, haciendo la paz, y mediante la cruz reconciliar con Dios a ambos en un solo cuerpo, matando en ella las enemistades. Y vino y anunció las buenas nuevas de paz a vosotros que estabais lejos, y a los que estaban cerca; porque por medio de él los unos y los otros tenemos entrada por un mismo Espíritu al Padre".
Efesios 2:14–18

a. Ser reconciliados los unos con los otros (Mt. 5:21–26).

b. Ser respetuosos con el género opuesto y permanecer fieles en el matrimonio (Mt. 5:27–32).

c. Ser cuidadosos con sus palabras (Mt. 5:33–37).

d. Evitar los contraataques (Mt. 5:38–42).

e. Amar a sus enemigos (Mt. 5:43–48).

f. Abstenerse de buscar la fama (Mt. 6:1–8, 16–18).

g. Perdonarse los unos a los otros (Mt. 6:9–15).

En otras palabras, ¡la pacificación es muy, muy difícil! No obstante, **el grado en que hacemos la paz con otros refleja el grado en que confiamos en nuestro Líder**, porque Él nos dice que hagamos la paz y porque hacer la paz casi siempre requiere que renunciemos a algo, que nos neguemos a nosotros mismos como Jesús se negó cuando hizo la paz con Dios por nosotros (Mt. 16:24).

"Y decía a todos: Si alguno quiere venir en pos de mí, niéguese a sí mismo, tome su cruz cada día, y sígame. Porque todo el que quiera salvar su vida, la perderá; y todo el que pierda su vida por causa de mí, este la salvará".
Lucas 9:23–24

Sin duda negarse a sí mismo y obedecer las enseñanzas de Jesús fue tan ilógico para Andrés como lo es para nosotros. Mas bienaventurados los pacificadores, porque la sabiduría de Dios en realidad preserva nuestras vidas, por no hablar de nuestras relaciones; nos protege de la AUTO-*destrucción*. Bienaventurados los que buscan la paz y la persiguen con las mismas personas por las

"Apártate del mal, y haz el bien; busca la paz, y síguela".
Salmos 34:14

que Jesús murió (#everyone). Y bienaventurados los que entregan sus deseos y necesidades al Salvador, porque las cosas se multiplican en Sus manos.

Sean panes y peces o hijos del Rey.

Tu turno

2. ¿Con quién te es difícil hacer las paces, y por qué?

3. Lee el pasaje tomado de Filipenses que aparece a continuación y subraya las formas en que podemos elegir hacer la paz. Pon especial atención al ejemplo de Cristo al final del pasaje.

> "Nada hagáis por contienda o por vanagloria; antes bien con humildad, estimando cada uno a los demás como superiores a él mismo; no mirando cada uno por lo suyo propio, sino cada cual también por lo de los otros. Haya, pues, en vosotros este sentir que hubo también en Cristo Jesús, el cual, siendo en forma de Dios, no estimó el ser igual a Dios como cosa a que aferrarse, sino que se despojó a sí mismo, tomando forma de siervo, hecho semejante a los hombres; y estando en la condición de hombre, se humilló a sí mismo, haciéndose obediente hasta la muerte, y muerte de cruz".
>
> Filipenses 2:3–8

Para nerds bíblicos (como nosotros) que quieren saber

Cualquier padre de niños pequeños puede atestiguar que la tentación de crear un conflicto en vez de la paz está muy presente. Aunque los adultos pueden ser más sutiles que los niños, la tentación de ser menos que pacíficos continúa. Santiago confrontó específicamente a sus lectores sobre las contiendas mundanas en la iglesia, usando términos como "amistad" y "enemigo".

"¿De dónde vienen las guerras y los pleitos entre vosotros? ¿No es de vuestras pasiones, las cuales combaten en vuestros miembros? Codiciáis, y no tenéis; matáis y ardéis de envidia, y no podéis alcanzar; combatís y lucháis, pero no tenéis lo que deseáis, porque no pedís. Pedís, y no recibís, porque pedís mal, para gastar en vuestros deleites. ¡Oh almas adúlteras! ¿No sabéis que la amistad del mundo es enemistad contra Dios? Cualquiera, pues, que quiera ser amigo del mundo, se constituye enemigo de Dios" (Stg. 4:1–4).

4. ¿De qué maneras prácticas puedes implementar estas técnicas pacificadoras hoy en día?

Pies hermosos

"¡Cuán hermosos son sobre los montes los pies del que trae alegres nuevas, del que anuncia la paz, del que trae nuevas del bien, del que publica salvación, del que dice a Sion: Tu Dios reina!".
Isaías 52:7

"Morará el lobo con el cordero, y el leopardo con el cabrito se acostará; el becerro y el león y la bestia doméstica andarán juntos, y un niño los pastoreará. La vaca y la osa pacerán, sus crías se echarán juntas; y el león como el buey comerá paja. Y el niño de pecho jugará sobre la cueva del áspid, y el recién destetado extenderá su mano sobre la caverna de la víbora. No harán mal ni dañarán en todo mi santo monte; porque la tierra será llena del conocimiento de JEHOVÁ, como las aguas cubren el mar".
Isaías 11:6–9

Estar en paz con Dios hace posible el vivir en paz con otros, porque la paz es un desbordamiento de lo que ya está dentro. Cuando Jesús dijo que los pacificadores serían llamados hijos de Dios, no se refería al primer momento de la salvación, porque no entramos en la familia de Dios por ser pacificadores; eso solo pasa mediante la fe en Jesús como el que murió por nuestros pecados y resucitó a una nueva vida. No, el Sermón del Monte no se trata de cómo iniciamos la nueva vida en Jesús; se trata de nuestra nueva identidad una vez que lo hacemos.

Ser llamado por un título en particular es ser identificado por una característica particular que nos conecta a algo o a alguien, y una de las muchas características de Dios es que su amor es implacable, y por eso entró *en* la historia. Nuestro Creador y Rey se sacrificó para salvarnos de nosotros mismos y para marcar el comienzo de un reino eterno de paz. Una vez que pertenecemos al reino, también recibimos el encargo de hacer la paz con otros, al saber que nuestro Padre celestial, el Rey, ama a las personas con las que a veces estamos en desacuerdo. Nosotros lo estamos representando ante ellos.

Y saber eso debería cambiarlo todo. Como los hijos pacificadores de Dios, estamos acercando a otros hacia Él, porque en palabras de Jesús: "En esto conocerán todos que sois mis discípulos, si tuviereis amor los unos con los otros" (Jn. 13:35). Nuestro amor, es decir, nuestra decisión de vivir en paz en cuanto dependa de nosotros (Ro. 12:18), refleja la naturaleza misma de Dios, y mostramos así a los demás quién es Él. Lo que significa que bienaventurados los pies del que lleva las buenas noticias del amor de Dios a otros, del que publica la paz, del que vive las características del reino de Dios en la tierra, porque no solo se acercarán otros por su ejemplo, sino que también tendrán el mayor honor de todos:

Serán llamados hijos de Dios, junto con todos los beneficios que eso conlleva:

Los hijos del Rey son contados como justos.
Esto significa que no tienes que sentir pena por tu pasado, ni estar a la defensiva en tu presente o sentirte ansioso por tu futuro. Puedes soltar todo eso, porque Dios ha abierto el camino para la paz.

"Pero ahora en Cristo Jesús, vosotros que en otro tiempo estabais lejos, habéis sido hechos cercanos por la sangre de Cristo. Porque él es nuestra paz, que de ambos pueblos hizo uno, derribando la pared intermedia de separación, aboliendo en su carne las enemistades, la ley de los mandamientos expresados en ordenanzas, para crear en sí mismo de los dos un solo y nuevo hombre, haciendo la paz, y mediante la cruz reconciliar con Dios a ambos en un solo cuerpo, matando en ella las enemistades. Y vino y anunció las buenas nuevas de paz a vosotros que estabais lejos, y a los que estaban cerca; porque por medio de él los unos y los otros tenemos entrada por un mismo Espíritu al Padre".

Efesios 2:13–18

"Y ahora, hijitos, permaneced en él, para que cuando se manifieste, tengamos confianza, para que en su venida no nos alejemos de él avergonzados. Si sabéis que él es justo, sabed también que todo el que hace justicia es nacido de él".

1 Juan 2:28–29

"Mirad cuál amor nos ha dado el Padre, para que seamos llamados hijos de Dios; por esto el mundo no nos conoce, porque no le conoció a él. Amados, ahora somos hijos de Dios, y aún no se ha manifestado lo que hemos de ser; pero sabemos que cuando él se manifieste, seremos semejantes a él, porque le veremos tal como él es. Y todo aquel que tiene esta esperanza en él, se purifica a sí mismo, así como él es puro".

1 Juan 3:1–3

Los hijos del Rey tienen una herencia esperándolos en el cielo.

No necesitas luchar por lo que es tuyo. Dios lo apartó para ti, y así asegura tu paz.

"Entonces el Rey dirá a los de su derecha: Venid, benditos de mi Padre, **heredad el reino preparado para vosotros desde la fundación del mundo**".

Mateo 25:34

"Pues no habéis recibido el espíritu de esclavitud para estar otra vez en temor, sino que habéis recibido el espíritu de adopción, por el cual clamamos: ¡Abba, Padre! El Espíritu mismo da testimonio a nuestro espíritu, de que somos hijos de Dios. **Y si hijos, también herederos; herederos de Dios y coherederos con Cristo**, si es que padecemos juntamente con él, para que juntamente con él seamos glorificados".

Romanos 8:15–17

"Y todo lo que hagáis, hacedlo de corazón, como para el Señor y no para los hombres; **sabiendo que del Señor recibiréis la recompensa de la herencia**, porque a Cristo el Señor servís".

Colosenses 3:23–24

"Bendito el Dios y Padre de nuestro Señor Jesucristo, que según su grande misericordia nos hizo renacer para una esperanza viva, por la resurrección de Jesucristo de los muertos, **para una herencia incorruptible, incontaminada e inmarcesible, reservada en los cielos para vosotros**, que sois guardados por el poder de Dios mediante la fe, para alcanzar la salvación que está preparada para ser manifestada en el tiempo postrero".

1 Pedro 1:3–5

Los hijos del Rey son permanentemente establecidos.
Nunca tienes que sentirte inseguro, indeciso ni descuidado. Dios te ha establecido firmemente. Solo necesitas permanecer en Su paz.

"Porque un niño nos es nacido, hijo nos es dado, y el principado sobre su hombro; y se llamará su nombre Admirable, Consejero, Dios Fuerte, Padre Eterno, Príncipe de Paz. Lo dilatado de su imperio y la paz no tendrán límite, sobre el trono de David y sobre su reino, disponiéndolo y confirmándolo en juicio y en justicia desde ahora y para siempre...".

Isaías 9:6–7

"Porque yo sé los pensamientos que tengo acerca de vosotros, dice JEHOVÁ, pensamientos de paz, y no de mal, para daros el fin que esperáis".

Jeremías 29:11

"Mas a todos los que le recibieron, a los que creen en su nombre, les dio potestad de ser hechos hijos de Dios; los cuales no son engendrados de sangre, ni de voluntad de carne, ni de voluntad de varón, sino de Dios".

Juan 1:12–13

"Y sabemos que a los que aman a Dios, **todas las cosas les ayudan a bien**, esto es, a los que conforme a su propósito son llamados".

Romanos 8:28

Tu turno

5. A la luz de los versículos anteriores, describe el favor de Dios para los pacificadores.

6. ¿Cómo cambiar el enfoque de ti mismo a Dios te permitiría vivir en más paz con otros? Sé específico.

7. Vuelve a leer el versículo a continuación, y evalúate honestamente. Mediante la gracia de Dios, ¿a quién estás amando bien? ¿A quién necesitas amar de manera distinta, y cómo?

"En esto conocerán todos que sois mis discípulos,
si tuviereis amor los unos con los otros".
Juan 13:35

8. Jesús no siempre "guardó la paz". A menudo estuvo en desacuerdo con los que se oponían a Su misión. Pero hay una diferencia entre extender la paz a los demás y que ellos rechacen esa paz (Ro. 12:16-18). Según Santiago 1:5 ¿de dónde proviene la sabiduría para entender esa diferencia?

EXT. CAMPAMENTO DE LOS DISCÍPULOS (AL ANOCHECER)

(Todos los discípulos, menos Felipe, Andrés, Tadeo y Santiago el Menor, están dispersos. Se preparan lentamente para dormir, visiblemente abatidos. Simón Z y Simón están en extremos opuestos, montando guardia. De repente, los ojos de Simón Z se abren mientras observa un claro fuera del campamento.

PUNTO DE VISTA DE SIMÓN Z: Se ve Jesús, orando intensamente mientras camina).

SIMÓN Z: ¡Regresó!

(Todos reaccionan rápido. Simón Z se apresura a través del claro hacia Jesús).

SIMÓN Z (CONT.): ¡Maestro! ¿Estás herido? ¿Qué pasó?

(Jesús deja de orar, y se voltea).

JESÚS: Supongo que no debería sorprenderme que TÚ me vieras.

(Los demás llegan poco a poco. María Madre abraza a Jesús).

JESÚS (CONT.): Hola, *Ima*.

NATANAEL: Rabí, ¿estás bien?

SIMÓN: ¿Alguien te siguió?

JESÚS: Sí, estoy bien. Ellos solo querían hablar.

(Mateo sonríe en grande, algo que no pasa mucho).

MATEO: Estoy muy feliz.

(Jesús se ríe).

JESÚS: Me alegra, Mateo.

SIMÓN: ¿Solo hablar?

JESÚS: Sí, Quinto solo quería hablar. Los romanos no me ven como una gran amenaza, lo cual es bueno.

SIMÓN Z *(aparte)*: Esperemos que eso cambie pronto.

JUAN: ¿Y qué estabas haciendo allí?

JESÚS: Orando, Juan. Recuerda, hay un gran evento que preparar.

SANTIAGO EL MAYOR: Rabí, con todo respeto, ¿no nos podrías haber dicho que ya habías regresado? Fuiste llevado con armas por soldados romanos; estábamos todos muy preocupados.

JESÚS: ¿Acaso no les dije que regresaría, y que siguieran planificando? Todos deben aprender a hacer esto, sin importar si pasa algo bueno o malo. Las cosas solo se pondrán más difíciles. No pueden paralizarse cuando sienten miedo. ¿Y qué es lo que harán cuando yo no esté aquí?

JUAN: Sí, bueno, aún estamos aprendiendo.

SIMÓN: Sí, pero podemos hacerlo mejor. Lo haremos mejor.

JUAN: Rabí, Felipe dijo que el bautista dio a sus seguidores una oración además de las oraciones tradicionales. ¿Tal vez podrías hacer lo mismo?

SANTIAGO EL MAYOR: Sí, me gustaría aprender más sobre lo que dices cuando estás solo.

JESÚS: Ahora, ahora sí se comportan como buenos estudiantes. Esto es lo que quiero ver. Y la oración es el primer paso para que la mente y el corazón estén bien. Por eso me verán orando tan seguido.

SIMÓN: Entonces, enséñanos a orar como Tú lo haces. Por favor.

JESÚS: Cuando oramos, debemos comenzar reconociendo a nuestro Padre en el cielo y Su grandeza. Entonces pueden decir: "Padre nuestro que estás en los cielos, santificado sea Tu nombre". Y asegurarnos de hacer la voluntad de Dios, no la nuestra. Así que decimos: "Venga Tu reino, hágase Tu voluntad en la tierra como en el cielo...".

Enfoque de la oración

Habla con Dios sobre la paz y la pacificación, y agradécele por proveerla mediante la vida, muerte y resurrección de Jesús. Pídele que te ayude a apoyarte en Su paz en tu propia vida. Comprométete a ser un instrumento en Sus manos, y pídele que te dé la sabiduría y fortaleza necesarias para hacer lo que te pida que hagas, sin importar cómo respondan los demás, sabiendo que, en última instancia, la paz es una característica de los hijos de Dios.

Propuesta de oración

Amado Padre celestial:

Gracias por crear paz en mi vida al enviar a Tu Hijo Jesús a rescatarme del pecado. Reconozco que es un regalo Tuyo, y que Te costó muy caro. Confieso que no siempre dejo que Tu paz reine en mi corazón, así que por favor ayúdame con eso. Ayúdame a confiar tanto en Ti hasta el punto de trabajar por hacer las paces con otros, incluso cuando me cueste a mí. Quiero ser un instrumento en Tus manos para hacer la paz, así que ayúdame a reconocer las oportunidades que provees, y otórgame la sabiduría y poder de Tu Espíritu para trabajar por la paz como hijo Tuyo.

Amén.

Tadeo (llamado Judas, hermano de Jacobo)

Al igual que algunos otros apóstoles como Simón Pedro y Levi Mateo, Judas Tadeo tenía varios nombres. "Judas" era un nombre común en la época del Nuevo Testamento, por lo que no es de sorprender que dos apóstoles se llamaran igual. La potencial confusión era evidente desde el inicio, tan así que Juan literalmente lo introdujo como "Judas (no el Iscariote)" (Jn. 14:22). Lucas le llamó "Judas hermano de Jacobo" (Lc. 6:16; Hc. 1:13), pero Mateo y Marcos usaron su nombre griego, "Tadeo" (Mt. 10:3; Mc. 3:18).

NO es Judas Iscariote, quien traicionó a Jesús

Se sabe poco de Tadeo, y solo lo vemos hablar una vez en los Evangelios, cuando le pregunta esto a Jesús: "Señor, ¿cómo es que te manifestarás a nosotros, y no al mundo?" (Jn. 14:22). Esto pudiera indicar que deseaba que el mensaje de salvación alcanzara a todo el mundo. Se sugiere por tradición que Tadeo ministró en Siria y la ciudad de Edesa, junto al río Éufrates, y en Armenia. Se cree que predicó el Evangelio entre sacerdotes paganos y que llevó a cabo exorcismos.

Se menciona su nombre muchas veces junto al de Simón el Zelote (Mt. 10:3–4; Mc. 3:18; Lc. 6:15–16; Hc. 1:13), y algunas tradiciones los ubican juntos ministrando en Partia (el actual Irán). Las historias de su martirio juntos incluyen haber sido apaleados hasta la muerte y aserrados en pedazos (ca. 72 d. C.).

Aparecen otros en las Escrituras llamados "Judas":

uno de los hermanos de Jesús, quien fue el probable autor del libro de Judas del Nuevo Testamento (Mt. 13:55; Mc. 6:3)

un rebelde galileo (Hch. 5:37)

un hombre en Damasco (Hch. 9:11)

el mensajero Judas Barsabás (Hch. 15:22–32)

Lección 8

LOS QUE PADECEN PERSECUCIÓN
y lo precioso

"Bienaventurados los que padecen persecución por causa de la justicia, porque de ellos es el reino de los cielos".

Mateo 5:10

EXT. MESETA DE CORAZÍN (DÍA)

(Santiago el Menor, Tadeo y Natanael caminan entre unos cerros).

NATANAEL: La loma al este del río NahalKur parece prometedora.

TADEO: Pero es una loma, no estará tan alto como para que lo vean y lo escuchen.

SANTIAGO EL MENOR: Sí, y hay árboles al sur que obstruyen la vista al Mar de Galilea que específicamente solicitó.

NATANAEL: ¿Por qué necesita una vista del mar?

TADEO: Creo que quería estar lo suficientemente alto.

SANTIAGO EL MENOR: Ah, ¿qué hay de las colinas al norte de Corazín? Son bastante altas, Su voz podrá oírse.

NATANAEL: Es una subida demasiado empinada.

TADEO: Y está demasiado lejos para la gente de Tiberíades y Magdala. Dijo que debe estar a un día a pie de esas ciudades.

SANTIAGO EL MENOR: Quizás buscamos demasiado al norte.

NATANAEL: ¿Qué más pidió? ¿Un arboleda de enebros o eucaliptos en la parte trasera donde poder acampar la noche anterior?

TADEO: Es como si Él ya conociera ese lugar.

NATANAEL: Sí… solo tenemos que encontrarlo.

(FUERA DE LA TOMA, se oyen balidos de ovejas y cabras a la distancia. Los discípulos suben una pequeña cresta hacia el sonido. Mientras llegan a la cima, un monte con algunos árboles a un lado aparece. Frente a ellos hay una cerca de un metro de alto, y un pastizal se extiende detrás. Un letrero de madera demacrada está al frente de la cerca, con escritura en arameo).

TADEO: "Prohibido el paso. Los infractores serán procesados".

(Una granjera cuida su rebaño de cabras mientras mira a los discípulos).

NATANAEL: ¡Shalom, shalom! No pretendemos hacer daño, hermana.

TADEO: Estamos aquí por negocios amistosos.

(Se les acerca cautelosamente).

NATANAEL: ¿Detrás de donde estás hay una buena vista del Mar de Galilea?

GRANJERA: ¡Lárguense!

NATANAEL: Eso no es muy amistoso.

TADEO: Disculpa, ¿eres tú la propietaria?

GRANJERA: ¡Está cerrado para visitantes!

SANTIAGO EL MENOR: Es muy importante que hablemos con...

(La granjera está totalmente desinteresada. Se va. Santiago el Menor y Tadeo se miran y se sonríen).

TADEO: Sí, probablemente sea el lugar.

NATANAEL: ¿Qué? ¿Por qué? Es completamente repulsivo.

SANTIAGO EL MENOR: Exacto.

Estaca cuadrada en hoyo redondo

Todos queremos sentir que pertenecemos. Literalmente cada persona en la faz de la tierra desea encajar, ser querido, incluido y estimado. Nos motiva, pero nos puede meter en problemas cuando buscamos encajar en todos los lugares equivocados (es decir, en cualquier parte del planeta Tierra).

Regresaremos a esto.

Como venimos estudiando, hay tremenda bendición al seguir a Jesús. Conocerle le da a la vida sentido y propósito, gozo y esperanza. Pero pertenecer al reino de Dios en realidad nos convierte en extranjeros en todas partes, porque **decidir seguir a Jesús significa dejar el mundo atrás**. Significa oír, ver, hacer y evaluar las cosas de una forma completamente nueva. Y ahí está el problema, porque una vez que pertenecemos a Dios, ya no pertenecemos aquí.

No sería mayor problema, excepto porque aún vivimos aquí.

"Amados, yo os ruego como a extranjeros y peregrinos, que os abstengáis de los deseos carnales que batallan contra el alma, manteniendo buena vuestra manera de vivir entre los gentiles; para que en lo que murmuran de vosotros como de malhechores, glorifiquen a Dios en el día de la visitación, al considerar vuestras buenas obras".
1 Pedro 2:11–12

Tu turno

1. ¿Qué o quiénes compiten contra tu deseo sincero de pertenecer a Dios? Es decir, aparte de Él, ¿en dónde anhelas encajar, y por qué?

No como el mundo la da

"Le dijo Judas (no el Iscariote): Señor, ¿cómo es que te manifestarás a nosotros, y no al mundo? Respondió Jesús y le dijo: El que me ama, mi palabra guardará; y mi Padre le amará, y vendremos a él, y haremos morada con él. El que no me ama, no guarda mis palabras; y la palabra que habéis oído no es mía, sino del Padre que me envió. Os he dicho estas cosas estando con vosotros. Mas el Consolador, el Espíritu Santo, a quien el Padre enviará en mi nombre, él os enseñará todas las cosas, y os recordará todo lo que yo os he dicho. La paz os dejo, mi paz os doy; yo no os la doy como el mundo la da. No se turbe vuestro corazón, ni tenga miedo".

Juan 14:22–27

Cualquiera puede aceptar la invitación de Jesús a seguirle, pero así como indicó la pregunta-preocupación de Tadeo (es decir Judas NO Iscariote), no todos lo harán.

Como indicaron las últimas tres bienaventuranzas, los elegidos por Jesús son misericordiosos, limpios de corazón y pacificadores al interactuar con otros. Mas la octava bienaventuranza indica que tales esfuerzos no siempre serán correspondidos por el mundo. Jesús advirtió a Sus seguidores que no esperaran misericordia a cambio de misericordia (Mt. 18:21–35). Ni la ausencia de hipocresía a cambio de limpieza de corazón (2 Tim. 3:12–13; 1 Pe. 4:1–5). Ni la paz como resultado de sus esfuerzos de pacificación (Ro. 12:14–18). Pero a pesar de estas sombrías noticias, Jesús prometió que recibiríamos algo mucho mejor: el Espíritu Santo y todos los recursos que lo acompañan.

Y ahí encontramos el sentido de pertenencia que nuestros corazones anhelan en verdad, porque el mundo es un lugar duro. Incluso cuando alcanzamos la felicidad, no es permanente; nuestras circunstancias fluctúan constantemente. Lo que está hoy suele desaparecer mañana; por eso las dichas del SdM son tan alentadoras: son eternas. No cambian ni se desvanecen como todo lo demás en este mundo moribundo. "...yo no os la doy como el mundo la da" (Jn. 14:27); la declaración se quedó corta (sin ofender, Jesús) porque, como estamos aprendiendo, **el favor de Dios no solo es lo que nuestros corazones realmente anhelan; es para lo que fuimos hechos**. Como dice el dicho, fuimos creados con un hueco con forma de Dios en nuestros corazones que solo Él puede llenar —que el Espíritu Santo sí llena. Todos los demás anhelos están fuera de lugar; Dios es Aquel que deseamos. El problema es que no siempre lo sabemos, y es precisamente eso a lo que se refería Judas Tadeo cuando preguntó: "Señor, ¿cómo es que te manifestarás a nosotros, y no al mundo?" (Jn. 14:22).

¿Por qué *es* que algunas personas creen y otras no? O más bien, según el SdM, ¿por qué creeremos algunos de nosotros y otros querrán perseguirnos por ello? Y, a propósito, ¿cómo puede haber *dicha* en eso?

Con esto hemos llegado a la mejor parte de todo el estudio.

Para nerds bíblicos (como nosotros) que quieren saber

Pablo instruyó a las nuevas iglesias en la región del sur de Galilea que "a través de muchas tribulaciones entremos en el reino de Dios" (Hch. 14:22).

A primera vista, sufrir por hacer el bien no tiene sentido; sin embargo, la persistencia del pecado frente a la bondad y justicia de Dios es una respuesta común, así que no nos debería sorprender que la gente también responda con rebeldía contra la justicia del pueblo de Dios.

Pedro también abordó el tema de ser perseguido por la justicia en una de sus cartas:

"¿Y quién es aquel que os podrá hacer daño, si vosotros seguís el bien? Mas también si alguna cosa padecéis por causa de la justicia, bienaventurados sois. Por tanto, no os amedrentéis por temor de ellos, ni os conturbéis, sino santificad a Dios el Señor en vuestros corazones, y estad siempre preparados para presentar defensa con mansedumbre y reverencia ante todo el que os demande razón de la esperanza que hay en vosotros; teniendo buena conciencia, para que en lo que murmuran de vosotros como de malhechores, sean avergonzados los que calumnian vuestra buena conducta en Cristo. Porque mejor es que padezcáis haciendo el bien, si la voluntad de Dios así lo quiere, que haciendo el mal" (1 Pe. 3:12–17).

Tu turno

2. Es fácil no valorar al Espíritu Santo, y quizás por eso Su presencia a veces nos parece menos emocionante que la presencia de cosas terrenales, como el dinero, las relaciones, los elogios, etc. Pero, según los versículos a continuación, ¿qué beneficios eternos trae la presencia del Espíritu Santo en nuestras vidas terrenales?

"Porque el Señor es el Espíritu; y
donde está el Espíritu del Señor,
allí hay libertad. Por tanto, nosotros
todos, mirando a cara descubierta
como en un espejo la gloria del
Señor, somos transformados de
gloria en gloria en la misma imagen,
como por el Espíritu del Señor".
2 Corintios 3:17–18

3. Lee Gálatas 5:22–23, y escribe los elementos del fruto del Espíritu Santo en los espacios después de la pregunta 4. ¿Por qué es importante la metáfora del fruto (es decir, ¿un manzano "se esfuerza mucho" por producir manzanas?)?

4. Observa cómo los elementos del fruto del Espíritu corresponden a las bienaventuranzas de Mateo 5. Dibuja líneas para conectar el fruto con las actitudes correspondientes del SdM que se desarrollan en los seguidores de Jesús (nota: ¡aquí no hay respuestas incorrectas!).

Fruto del Espíritu	Bienaventurados
______	Los pobres en espíritu
______	Los que lloran
______	Los mansos
______	Los que tienen hambre y sed de justicia
______	Los misericordiosos
______	Los de limpio corazón
______	Los pacificadores
______	Los perseguidos

a. Dios nos atrae hacia Sí Mismo.

b. Dios nos perdona y mora en nosotros.

c. Dios nos capacita para tener actitudes del SdM en el corazón.

d. Dios derrama Su favor sobre aquellos con actitudes del SdM.

En otras palabras, Dios lo hace todo.

Fuera del mundo

"Si el mundo os aborrece, sabed que a mí me ha aborrecido antes que a vosotros. Si fuerais del mundo, el mundo amaría lo suyo; pero porque no sois del mundo, antes yo os elegí del mundo, por eso el mundo os aborrece. Acordaos de la palabra que yo os he dicho: El siervo no es mayor que su señor. Si a mí me han perseguido, también a vosotros os perseguirán...".

Juan 15:18–20

"Bienaventurados los pobres en espíritu, porque de ellos es el reino de los cielos" (Mt. 5:3).
+
"Bienaventurados los que padecen persecución por causa de la justicia, porque de ellos es el reino de los cielos" (Mt. 5:10)..
=
Sujetalibros

Además, las promesas de las bienaventuranzas 2-7 todas están en el tiempo futuro. Pero la promesa "sujetalibros" de las bienaventuranzas 1 y 8 están en el tiempo presente: "porque de ellos es el reino de los cielos".

La promesa de la última bienaventuranza es un eco de la primera, como un sujetalibros. Porque a pesar de los dolores que lleguemos a sufrir de este lado de la eternidad a causa de Jesús, Sus seguidores podemos anticipar el gozo futuro con Él en el cielo. Pablo lo expresó así: "El Espíritu mismo da testimonio a nuestro espíritu, de que somos hijos de Dios.

Y si hijos, también herederos; herederos de Dios y coherederos con Cristo, si es que padecemos juntamente con él, para que juntamente con él seamos glorificados" (Ro. 8:16–17).

¿Entonces cuál es la promesa? El Espíritu que vive dentro de nosotros es el heraldo constante de la mejor noticia: Su suave, apacible voz en nuestros oídos, repitiendo una y otra vez que somos los hijos amados de Dios, que este mundo no es nuestro hogar y que nuestro futuro está en un paraíso llamado el cielo. Pero nuestro gozo no reside solo en la anticipación del futuro. En las bienaventuranzas "sujetalibros", el reino de los cielos *ya está* para los que confían en Jesús. El reino de los cielos está presente en la tierra en las vidas del pueblo escogido por Jesús.

Y saber eso lo cambia todo. Porque en medio de nuestras luchas, tristezas y dolores, e incluso persecuciones por nuestra fe en Jesús, encontramos que Su reino celestial ya está aquí, el reino al cual pertenecemos. Y si bien nuestra nueva realidad es invisible, o hasta parece absurda para los que perecen (1 Cor. 1:18–31), aquí está la verdad que da vida y que sustenta la vida aquí sobre la tierra:

El Señor nuestro Dios, Rey del universo y de nuestros corazones, reina... sobre todas las cosas y las personas por toda la eternidad, incluyendo el pasado, el presente y el futuro.

Para nerds bíblicos (como nosotros) que quieren saber

Al contar las "dichas" declaradas en las bienaventuranzas de Mateo 5:3–12, encontramos nueve en total. Pero tanto la octava como la novena abordan la persecución, y así la novena es como una extensión de la octava:

"Bienaventurados sois cuando por mi causa os vituperen y os persigan, y digan toda clase de mal contra vosotros, mintiendo. Gozaos y alegraos, porque vuestro galardón es grande en los cielos; porque así persiguieron a los profetas que fueron antes de vosotros" (Mt. 5:11–12).

La indicación explícita sobre cómo responder ante la persecución es especialmente útil en esta extensión de la octava bienaventuranza: "Gozaos y alegraos". En vez del término "feliz" *makários* (μακάριός), la extensión usa dos términos distintos: *chairō* (χαίρω) para "gozaos" y *agalliaō* (ἀγαλλιάω) para "alegraos". Estos términos nos reiteran la naturaleza gozosa de la vida cristiana, incluso ante las dificultades.

"Reinará JEHOVÁ para siempre; tu Dios, oh Sion, de generación en generación. Aleluya".

Salmos 146:10

"...así será mi palabra que sale de mi boca; no volverá a mí vacía, sino que hará lo que yo quiero, y será prosperada en aquello para que la envié".

Isaías 55:11

"Palabra fiel es esta: si somos muertos con él, también viviremos con él; si sufrimos, también reinaremos con él; si le negáremos, él también nos negará. Si fuéremos infieles, él permanece fiel; Él no puede negarse a sí mismo".

2 Timoteo 2:11–13

"El séptimo ángel tocó la trompeta, y hubo grandes voces en el cielo, que decían: Los reinos del mundo han venido a ser de nuestro Señor y de su Cristo; y él reinará por los siglos de los siglos".

Apocalipsis 11:15

Lo cual significa que Él es nuestro refugio...
en tiempos de angustia, temor y persecución.

"Dios es nuestro amparo y fortaleza, nuestro pronto auxilio en las tribulaciones. Por tanto, no temeremos, aunque la tierra sea removida, y se traspasen los montes al corazón del mar; aunque bramen y se turben sus aguas, y tiemblen los montes a causa de su braveza. Del río sus corrientes alegran la ciudad de Dios, el santuario de las moradas del Altísimo. Dios está en medio de ella; no será conmovida. Dios la ayudará al clarear la mañana. Bramaron las naciones, titubearon los reinos; dio él su voz, se derritió la tierra. JEHOVÁ de los ejércitos está con nosotros; nuestro refugio es el Dios de Jacob".

Salmos 46:1–7

"Y JEHOVÁ rugirá desde Sion, y dará su voz desde Jerusalén, y temblarán los cielos y la tierra; **pero JEHOVÁ será la esperanza de su pueblo, y la fortaleza de los hijos de Israel**".

Joel 3:16

"No os ha sobrevenido ninguna tentación que no sea humana; pero fiel es Dios, que no os dejará ser tentados más de lo que podéis resistir, sino que **dará también juntamente con la tentación la salida, para que podáis soportar**".

1 Corintios 10:13

"**Acerquémonos, pues, confiadamente al trono de la gracia,** para alcanzar misericordia y hallar gracia para el oportuno socorro".

Hebreos 4:16

Entonces podemos regocijarnos...
en nuestra libertad del pecado y de la muerte,
en nuestra relación restaurada con Él y en
nuestro futuro hogar en el cielo.

"He aquí os doy potestad de hollar serpientes y escorpiones, y sobre toda fuerza del enemigo, y nada os dañará. Pero no os regocijéis de que los espíritus se os sujetan, sino **regocijaos de que vuestros nombres están escritos en los cielos**".

Lucas 10:19–20

"Justificados, pues, por la fe, tenemos paz para con Dios por medio de nuestro Señor Jesucristo; por quien también tenemos entrada por la fe a esta gracia en la cual estamos firmes, y **nos gloriamos en la esperanza de la gloria de Dios. Y no solo esto, sino que también nos gloriamos en las tribulaciones**, sabiendo que la tribulación produce paciencia; y la paciencia, prueba; y la prueba, esperanza; y la esperanza no avergüenza; porque el amor de Dios ha sido derramado en nuestros corazones por el Espíritu Santo que nos fue dado".

Romanos 5:1–5

"**Regocijaos en el Señor siempre. Otra vez digo: ¡Regocijaos!** Vuestra gentileza sea conocida de todos los hombres. El Señor está cerca. Por nada estéis afanosos, sino sean conocidas vuestras peticiones delante de Dios en toda oración y ruego, con acción de gracias. Y la paz de Dios, que sobrepasa todo entendimiento, guardará vuestros corazones y vuestros pensamientos en Cristo Jesús".

Filipenses 4:4–7

"Bendito el Dios y Padre de nuestro Señor Jesucristo, que según su grande misericordia nos hizo renacer para una esperanza viva, por la resurrección de Jesucristo de los muertos, para una herencia incorruptible, incontaminada e inmarcesible, reservada en los cielos para vosotros, que sois guardados por el poder de Dios mediante la fe, para alcanzar la salvación que está preparada para ser manifestada en el tiempo postrero. **En lo cual vosotros os alegráis**, aunque ahora por un poco de tiempo, si es necesario, tengáis que ser afligidos en diversas pruebas, para que sometida a prueba vuestra fe, mucho más preciosa que el oro, el cual aunque perecedero se prueba con fuego, sea hallada en alabanza, gloria y honra cuando sea manifestado Jesucristo...".

1 Pedro 1:3–7

Porque Dios ya ha ganado...
y en Cristo Jesús la victoria también es nuestra.

En caso de que no la hayas notado, ese fue un increíble enunciado:

El Señor reina, lo cual significa que Él es nuestro refugio, ¡entonces podemos regocijarnos porque Dios ya ha ganado!

"...porque JEHOVÁ vuestro Dios va con vosotros, para pelear por vosotros contra vuestros enemigos, **para salvaros**".

Deuteronomio 20:4

"¿Qué, pues, diremos a esto? Si Dios es por nosotros, ¿quién contra nosotros? El que no escatimó ni a su propio Hijo, sino que lo entregó por todos nosotros, ¿cómo no nos dará también con él todas las cosas? ¿Quién acusará a los escogidos de Dios? Dios es el que justifica. ¿Quién es el que condenará? Cristo es el que murió; más aun, el que también resucitó, el que además está a la diestra de Dios, el que también intercede por nosotros. ¿Quién nos separará del amor de Cristo? ¿Tribulación, o angustia, o pecado, o hambre, o desnudez, o peligro, o espada? Como está escrito: Por causa de ti somos muertos todo el tiempo; somos contados como ovejas de matadero. Antes, **en todas estas cosas somos más que vencedores por medio de aquel que nos amó**".

Romanos 8:31–37

"Por tanto, no desmayamos; antes aunque este nuestro hombre exterior se va desgastando, el interior no obstante se renueva de día en día. **Porque esta leve tribulación momentánea produce en nosotros un cada vez más excelente y eterno peso de gloria**; no mirando nosotros las cosas que se ven, sino las que no se ven; pues las cosas que se ven son temporales, pero las que no se ven son eternas".

2 Corintios 4:16–18

"Pelearán contra el Cordero, y **el Cordero los vencerá, porque él es Señor de señores y Rey de reyes**; y los que están con él son llamados y elegidos y fieles".

Apocalipsis 17:14

Tu turno

5. A la luz de los versículos anteriores, describe el favor de Dios para los que son perseguidos por causa de la justicia.

6. ¿De qué manera ha sido Dios un refugio para ti en momentos de dificultad (incluso aunque tú no lo hubieras reconocido hasta este mismo momento)?

7. ¿Cuáles son algunas razones específicas por las que puedes regocijarte, a pesar de cualquier circunstancia difícil que puedas estar enfrentando actualmente?

8. Vuelve a leer Apocalipsis 17:14 en la página anterior. ¿La victoria asegurada del Rey cómo te ayuda a vivir tu llamado como uno de Sus elegidos?

EXT. ROCA ALTA (ATARDECER)

(El sol está por ponerse. Mateo se ha quedado dormido entre las tablas que contienen el bosquejo del sermón. Se oyen sandalias sobre la tierra; Jesús se acerca a Mateo. Lo despierta suavemente).

JESÚS: Mateo.

(Mateo se despierta, y luego se sienta bien).

MATEO: Rabí.

JESÚS: Lo tengo.

MATEO *(frotándose los ojos)*: ¿El principio?

JESÚS: Sí.

MATEO: ¿Cómo es?

JESÚS: Un mapa.

MATEO: ¿Un qué?

JESÚS: Direcciones. Para que todos puedan encontrarme.

MATEO: Bueno, solo un momento.

(Mateo toma un trago de agua de una cantimplora para despertarse bien. Mientras Jesús camina hacia el mirador que ve hacia el campamento, Mateo toma su libreta).

MATEO (CONT.): Estoy listo.

(Jesús contempla el campamento. Está quieto).

MATEO (CONT.): ¿Rabí?

JESÚS *(hace una pausa, y luego...)*:

Bienaventurados los pobres en espíritu, porque de ellos es el reino de los cielos.

(Vemos a Natanael bajo la higuera).

Bienaventurados los que lloran, porque ellos recibirán consolación.

(Vemos a Andrés lamentando el arresto de Juan el Bautista).

Bienaventurados los mansos, porque ellos recibirán la tierra por heredad.

(Vemos a Santiago el Menor y a Tadeo cuidando la fogata).

Bienaventurados los que tienen hambre y sed de justicia, porque ellos serán saciados.

(Vemos a Juan y Santiago el Mayor justo después de que Jesús les llamó Hijos del trueno).

Bienaventurados los misericordiosos, porque ellos alcanzarán la misericordia.

(Vemos a María Madre poniendo un chal sobre la cabeza descubierta de María Magdalena).

Bienaventurados los de limpio corazón, porque ellos verán a Dios.

(Vemos a Tomás y a Ramah mirarse al inicio de su viaje con Jesús).

Bienaventurados los pacificadores, porque ellos serán llamados hijos de Dios.

(Vemos a Felipe calmando una altercación entre Simón y Simón Z).

Bienaventurados aquellos que padecen persecución por causa de la justicia, porque de ellos es el reino de los cielos.

(Vemos tropas romanas arrestando a Juan el Bautista).

Y bienaventurados ustedes cuando otros los vituperen y los persigan y digan toda clase de males contra ustedes, mintiendo, debido a mí.

(Mateo lo mira. Hay un momento de entendimiento entre los hombres).

JESÚS (CONT.): Gócense, y alégrense, porque su recompensa es grande en los cielos.

MATEO: Sí. Pero no veo el mapa.

JESÚS: Si alguien quiere encontrarme, en esos grupos de personas deben buscar.

Enfoque de la oración

Habla con Dios sobre la posibilidad de ser perseguido por el mundo debido a tu compromiso con Jesús. Háblale de tus temores con respecto a la oposición y sobre cualquier suceso reciente en el que otros te hayan insultado, perseguido o dicho mal contra ti falsamente por tu fe (Mt. 5:11). Agradece a Dios que te eligiera para compartir el reino de los cielos de este lado de la eternidad, y por haberte dado el Espíritu Santo como un Consolador en momentos de angustia. Pide que Su Espíritu te capacite para aferrarte a la verdad sin importar lo que venga, para amar a tus enemigos y para orar por quienes te tratan mal… y para experimentar *desde ahora* los gozos eternos de pertenecer a Su reino.

Propuesta de oración

Amado Señor:

Tu Palabra dice que las dificultades y la oposición son parte de lo que significa seguir a Jesús, y la verdad es que esa idea me aterra. Gracias porque nada me puede pasar sin que Tú lo consideres primero, y gracias porque ya has provisto Tu Espíritu Santo para ser mi Consolador. Por favor, ayúdame a permanecer fiel a Ti aun cuando sienta presión y persecución de los que (quizás sin saberlo) se oponen a la verdad del Evangelio. Ayúdame a responder a la gente con amor, sabiendo que alguna vez yo también me opuse a Ti. Gracias por rescatarme. Ayúdame a experimentar Tu gozo como parte de Tu reino eterno.

Amén.

Conclusión

BIENAVENTURADOS LOS ELEGIDOS

En el último episodio de la segunda temporada de *The Chosen*, Jesús describe las bienaventuranzas como un tipo de mapa, y dice: "Si alguien quiere encontrarme, en esos grupos de personas deben buscar". Claro, el mapa es solo un bosquejo, ya que los seguidores elegidos por Jesús no personificaban a la perfección las bienaventuranzas. Sus discípulos en el primer siglo no eran perfectos, ni tampoco Sus discípulos del Siglo XXI. Pero ese es el punto, porque Jesús sabía lo que Sus seguidores necesitaban oír:

1. El estímulo que anhelaban

Como dijimos, las ocho bienaventuranzas en el relato de Mateo del SdM se pueden dividir en dos grupos. Las primeras cuatro bienaventuranzas son más *personales* y prometen un cambio de destino para los elegidos de Dios mientras lo sigan buscando: bienaventurados son los pobres en espíritu, los que lloran, los mansos y los que buscan la justicia, porque serán satisfechos y consolados. Tendrán su lugar en la tierra, y heredarán el mismo reino de Dios.

Así que anímense, ustedes elegidos, a pesar de sus circunstancias actuales.

2. El desafío de reorganizar sus prioridades

Las últimas cuatro bienaventuranzas que declara son más *interactivas* y prometen una recompensa para los elegidos en el fin de los tiempos mientras sigan amando a otros a pesar de las dificultades de la vida: bienaventurados son los misericordiosos, los de limpio corazón, los pacificadores y los que sufren por causa de la justicia, porque recibirán misericordia, verán a Dios y serán llamados Sus hijos. Experimentarán, desde este lado de la eternidad, el reino de los cielos que ya les pertenece.

Así que sigan respondiendo a los demás como Jesús lo haría, ustedes escogidos, en medio de sus circunstancias actuales.

Llevamos el encargo de ser las manos, los pies *y el corazón* de Jesús a favor del mundo moribundo y caído en el que vivimos, lo que requiere interactuar con la gente y responderle de forma totalmente contracultural: así como lo hace nuestro Salvador. Y por Su gracia, recibiremos la fuerza para hacerlo, mientras conozcamos y nos aferremos a esto:

Que como el pueblo escogido por Dios, total y profundamente amado, vamos rumbo hacia una gloria eterna que supera por mucho nuestros sueños más fantásticos.

Lo que significa que es correcto ser felicitado.

El favor de Dios está sobre ti.

"Bendito sea el Dios y Padre de nuestro Señor Jesucristo, que nos bendijo con toda bendición espiritual en los lugares celestiales en Cristo, según nos escogió en él antes de la fundación del mundo, para que fuésemos santos y sin mancha delante de él, en amor habiéndonos predestinado para ser adoptados hijos suyos por medio de Jesucristo, según el puro afecto de su voluntad, para alabanza de la gloria de su gracia, con la cual nos hizo aceptos en el Amado".
Efesios 1:3–6

NOTAS

NOTAS

NOTAS

NOTAS

ACERCA DE LOS AUTORES

Amanda Jenkins es autora, oradora y madre de cuatro hijos. Ha escrito seis libros, entre ellos *Confessions of a Raging Perfectionist*, una autobiografía que ha inspirado conferencias y estudios bíblicos para mujeres en todo Estados Unidos. Se especializa en escribir y enseñar sobre la cruda autenticidad de nuestra fe, y es la principal creadora del contenido extra de *The Chosen*, incluyendo los libros devocionales *The Chosen*, volúmenes I y II, y los libros infantiles *The Chosen: Jesus Loves the Little Children* y *The Shepherd*. Vive a las afueras de Chicago con sus hijos y su esposo, Dallas, creador de *The Chosen*.

Dallas Jenkins es cineasta, autor, conferencista y padre de cuatro hijos. En los últimos veinte años, ha dirigido y producido más de una docena de películas para compañías como Warner Brothers, Lionsgate, Universal Studios y Hallmark Channel. Ahora es el creador de *The Chosen*, el primer programa multi-temporada sobre la vida de Jesús y el proyecto de medios de mayor financiamiento colectivo de la historia. También es coautor de los libros devocionales superventas de *The Chosen*.

El consultor bíblico evangélico oficial para la serie *The Chosen*, **Douglas S. Huffman** (PhD, Trinity Evangelical Divinity School) es profesor del Nuevo Testamento y decano asociado de Estudios Bíblicos y Teológicos en la Escuela Talbot de Teología (Universidad de Biola) en California. Se especializa en griego del Nuevo Testamento, Pensamiento Cristiano, Lucas-Hechos, y es el autor de *Verbal Aspect Theory and the Prohibitions in the Greek New Testament* y *The Handy Guide to New Testament Greek*, editor colaborador de libros como *God Under Fire: Modern Scholarship Reinvents God*, *How Then Should We Choose? Three Views on God's Will and Decision Making* y *Christian Contours: How a Biblical Worldview Shapes the Mind and Heart*; y contribuidor en varias revistas teológicas y obras de referencia. El Dr. Huffman aparece en la "Mesa redonda bíblica" de *The Chosen* en la aplicación *The Chosen*. Le gusta trabajar con estudiantes de pregrado de Biola, señalando las Escrituras como la Palabra de Dios para la actualidad.